走进社会大课堂系列活动方案

教师、家长带领幼儿游逛
广场 活动方案

李生兰　俞丽雅　周　欢　金海艳　等著

南京师范大学出版社

图书在版编目(CIP)数据

教师、家长带领幼儿游逛广场活动方案 / 李生兰等著. —南京：南京师范大学出版社，2023.3
（走进社会大课堂系列活动方案）
ISBN 978-7-5651-5635-9

Ⅰ.①教… Ⅱ.①李… Ⅲ.①活动课程－学前教育－教学参考资料 ②广场－介绍－中国 Ⅳ.①G613 ②U412.38

中国国家版本馆 CIP 数据核字(2023)第 003902 号

书　　名	教师、家长带领幼儿游逛广场活动方案
作　　者	李生兰　俞丽雅　周　欢　金海艳　等
策划编辑	张　莉
责任编辑	张　莉
出版发行	南京师范大学出版社
地　　址	江苏省南京市玄武区后宰门西村 9 号(邮编:210016)
电　　话	(025)83598919(总编办)　83598412(营销部)　83598312(邮购部)
网　　址	http://press.njnu.edu.cn
电子信箱	nspzbb@njnu.edu.cn
照　　排	南京开卷文化传媒有限公司
印　　刷	江苏凤凰通达印刷有限公司
开　　本	787 毫米×1092 毫米　1/16
印　　张	8
字　　数	157 千
版　　次	2023 年 3 月第 1 版　2023 年 3 月第 1 次印刷
书　　号	ISBN 978-7-5651-5635-9
定　　价	30.00 元

出 版 人　张　鹏

南京师大版图书若有印装问题请与销售商调换
版权所有　侵犯必究

前　言

撰写心愿

广场是城市中的广阔天地，是独特的社区资源，是教育幼儿的重要场所，但我们平常"走过路过"时，却可能会"错过"。

为了使读者朋友们能高度重视、高效运用广场这一宝贵的教育资源促进幼儿身心的更好发展，我们撰写了《教师、家长带领幼儿游逛广场活动方案》这本书。

本书由十一章组成：

第一章是教师、家长带领幼儿游逛北京市天安门广场活动方案；

第二章是教师、家长带领幼儿游逛江苏省无锡市二泉映月广场活动方案；

第三章是教师、家长带领幼儿游逛浙江省杭州市西湖文化广场活动方案；

第四章是教师、家长带领幼儿游逛江西省南昌市八一广场活动方案；

第五章是教师、家长带领幼儿游逛上海市外滩陈毅广场活动方案；

第六章是教师、家长带领幼儿游逛上海市人民广场活动方案；

第七章是教师、家长带领幼儿游逛上海市见义勇为纪念广场活动方案；

第八章是教师、家长带领幼儿游逛上海市博乐广场活动方案；

第九章是教师、家长带领幼儿游逛上海市安亭市民广场活动方案；

第十章是教师、家长带领幼儿游逛安徽省宿州市银河广场活动方案；

第十一章是教师、家长带领幼儿游逛山东省青岛市五四广场活动方案。

每章都包括四个部分：一是游逛广场活动的目标，二是游逛广场活动的准备，三是游逛广场活动的过程，四是游逛广场活动的延伸。

 教师、家长带领幼儿游逛广场活动方案

虽然书中只呈现了 11 个广场的游逛活动方案(由于疫情等因素的影响,我们很遗憾一时无法再出远门,实地考察更多的广场,撰写出更好的游逛广场的活动方案),但我们坚信广大的读者朋友们一定能"闻一知十",通过借鉴书中的这些方案,创造出更适合自己的游逛当地广场的活动方案。

适用对象

《教师、家长带领幼儿游逛广场活动方案》这本书可作为:

1. 高等院校的学前教育专业、早期教育专业、家庭教育专业、社会教育专业的教材。

2. 幼儿园教师在职培训提升的教材。

3. 幼儿园家长学校的教材。

4. 学前儿童家庭教育指导师的培训教材。

5. 幼儿园教师组织社会实践活动、亲子活动、春游活动、秋游活动、郊游活动的实战教案。

6. 学前儿童家长开展亲子活动、游玩活动的操作手册。

7. 社会各界人士了解幼儿园与家庭、社区合作共育的行动指南。

使用建议

如果《教师、家长带领幼儿游逛广场活动方案》这本书中,有您所在地的广场,那么您就可以直接使用该广场的游逛活动方案,和幼儿在游玩活动中共同发展。

如果这本书里没有您所在地的广场,那么您就可以参考自己喜欢的书中的某个方案,设计您的广场活动,并带幼儿去游逛,和幼儿一起成长。

1. 在规划游逛广场活动的目标时,应尊重幼儿的年龄特点(如小班、中班、大班幼儿的特点)、性别特点(如男孩、女孩的特点)、个性特点(如内向与外向、好动与好静的特点)。

2. 在策划游逛广场活动的准备时,应满足幼儿的生理需要、安全需要、交往需

要、关爱需要、认可需要、成功需要。

3. 在实施游逛广场活动方案的过程中,应重视与幼儿的双向互动,"遇物则诲,相机而教",看到什么、听到什么、想到什么,就可以问什么、说什么、做什么。比如,看到广场上的某个雕塑时,就可以围绕这个雕塑,向幼儿提出发散性问题(有许多答案),启发幼儿多维度思考,鼓励幼儿用言语、动作、表情做出适宜的反应。

4. 在预设游逛广场活动的延伸时,应根据幼儿的发展现状,在幼儿园里、家庭里、社区里加以适当扩展与深入。

诚挚谢意

在《教师、家长带领幼儿游逛广场活动方案》这本书出版之际,感激之情油然而生。

首先,我要衷心地感谢南京师范大学出版社和策划编辑张莉主任的厚爱及帮助。

其次,我要衷心地感谢7位上海市幼儿园优秀园长和2位高校优秀青年教师的参与及奉献。

再次,我要衷心地感谢吸引我们去游逛的各个广场的工作人员的设计及维护。

最后,我要衷心地感谢给予我们启发的众多学者的杰作。

此外,我要衷心地感谢各位读者朋友提出的宝贵建议。

华东师范大学教育学部学前教育系教授、博导　李生兰　博士

2023 年 1 月

目 录

上篇 主著领衔之作

第一章　教师、家长带领幼儿游逛北京市天安门广场活动方案 …………… 003

第二章　教师、家长带领幼儿游逛江苏省无锡市二泉映月广场活动方案 ……… 021

第三章　教师、家长带领幼儿游逛浙江省杭州市西湖文化广场活动方案 ……… 040

第四章　教师、家长带领幼儿游逛江西省南昌市八一广场活动方案 …………… 052

中篇 上海市幼儿园优秀园长之作

第五章　教师、家长带领幼儿游逛上海市外滩陈毅广场活动方案 ……………… 067

第六章　教师、家长带领幼儿游逛上海市人民广场活动方案 …………………… 074

第七章　教师、家长带领幼儿游逛上海市见义勇为纪念广场活动方案 ………… 082

第八章　教师、家长带领幼儿游逛上海市博乐广场活动方案 …………………… 088

第九章　教师、家长带领幼儿游逛上海市安亭市民广场活动方案 ……………… 095

下篇 高校优秀青年教师之作

第十章　教师、家长带领幼儿游逛安徽省宿州市银河广场活动方案 …………… 105

第十一章　教师、家长带领幼儿游逛山东省青岛市五四广场活动方案 ………… 112

上 篇

主著领衔之作

第一章　教师、家长带领幼儿游逛北京市天安门广场活动方案

一、游逛天安门广场活动的目标

1. 教师、家长促使幼儿意识到天安门广场位于首都北京的市中心，是中华人民共和国的象征，许多重大庆典活动都在这里隆重举行，以增强幼儿热爱祖国的情感。

2. 教师、家长促使幼儿认识到天安门广场是北京的一大胜景，许多著名的建筑（如天安门城楼、国旗杆、人民英雄纪念碑、毛主席纪念堂、人民大会堂、中国国家博物馆）都平衡对称地屹立在这里，形成了一幅独有的壮美画卷，以加深幼儿对北京中轴线历史文化名城的了解。

二、游逛天安门广场活动的准备

1. 教师、家长在网上查看中国中央电视台（简称CCTV）央视纪录片《北京中轴线》（共有5集：第1集是《国之轴》，第2集是《城之轴》，第3集是《心之轴》，第4集是《民之轴》，第5集是《情之轴》），充分感受这条城市轴线的伟大创意及文化光芒。

2. 教师、家长在网上观看电影《天安门》（影片描述了1949年为迎接开国大典，华北军区抗敌剧社舞美队紧急受命，对天安门进行全面翻新整修的故事），深入了解1949年10月1日开国大典，毛主席站在整修翻新的天安门城楼上，庄严宣告中华人民共和国成立。

3. 教师、家长指导幼儿认识中华人民共和国国旗五星红旗（旗面为红色，长方形；旗面左上方缀5颗黄色五角星，1颗星较大、在左边，4颗星较小、在大星的右边、呈半环形；红色旗面象征革命，5颗五角星象征中国共产党领导下的中国人民大团结），使幼儿知道它是中华人民共和国的象征，每个公民都应该尊重它。

4. 教师、家长引导幼儿认识中华人民共和国国徽(国徽的内容为五星、天安门、齿轮和麦稻穗;中间是五星照耀下的天安门,周围是麦稻穗和齿轮;两把麦稻穗组成正圆形的环;齿轮安在下方麦稻杆的交叉点上,齿轮的中心交结着红绶;红绶向左右绾住麦稻而下垂,把齿轮分成上下两部分;五星、天安门、麦稻穗、齿轮为金色,圆环内的底子及垂绶为红色),使幼儿知道它是中华人民共和国的标志,每个公民都应该爱护它。

5. 教师、家长向幼儿呈现100元人民币(2015年版),指导幼儿观看正面图案上的"中华人民共和国国徽"和"毛泽东"主席头像、背面图案上的"人民大会堂";告诉幼儿等游览天安门广场的时候,就能看到这个"人民大会堂"了。

6. 教师、家长和幼儿一起在网上观看儿童电影《我爱北京天安门》(影片反映了20世纪70年代末,一个小学生在国庆前夕,想制作一张全班同学站在天安门前的合影照片,后来在一位老爷爷的帮助下,终于制作成功的故事),使幼儿萌发要向小哥哥、小姐姐一样,在天安门前留影的心愿。

7. 教师、家长高兴地向幼儿呈现自己曾在天安门广场拍摄的照片,并给幼儿讲讲当时游览天安门广场的趣事。

8. 教师、家长教幼儿学唱优秀的儿童歌曲《我爱北京天安门》(我爱北京天安门,天安门上太阳升,伟大领袖毛主席,指引我们向前进)《东方红》(东方红,太阳升,中国出了个毛泽东。他为人民谋幸福,呼儿嗨哟,他是人民大救星。毛主席,爱人民,他是我们的带路人。为了建设新中国,呼儿嗨哟,领导我们向前进。共产党,像太阳,照到哪里哪里亮。哪里有了共产党,呼儿嗨哟,哪里人民得解放),指导幼儿欣赏歌曲《天安门前留个影》(万里山河万里红,千百个英雄相会在北京。来到敬爱的毛主席身边啊,天安门前留个影。多么自豪,多么光荣)。

9. 教师、家长浏览"北京市人民政府天安门地区管理委员会"门户网站(http://tamgw.beijing.gov.cn/),了解天安门广场的公共交通(地铁1号线及2号线、公交1路及2路等均可到达)、开放时间(5:00—22:00)、重要景点(如天安门城楼、人民英雄纪念碑、毛主席纪念堂、人民大会堂、中国国家博物馆),通过预约渠道(门户网站"天安门广场预约参观服务专栏"、手机端微信小程序"天安门广场预约参观")进行预约。

10. 教师、家长欣喜地告诉幼儿将要带他们去天安门广场游玩;提醒幼儿要爱护文物和公共设施,不能随地吐痰、大小便,不能进入草坪、花坛;建议幼儿穿上漂亮的衣服和鞋子,带上小画板和小相机等物品。

三、游逛天安门广场活动的过程

（一）来到天安门广场

教师、家长带领幼儿来到天安门广场入口处，排队安检后，进入广场。

1. 指导幼儿学看广场上的指路牌标识，使幼儿知道如果想去"天安门广场""毛主席纪念堂"，那么就要按上面箭头所指示的方向"←"朝左走；如果想去"中国国家博物馆""天安门城楼"，那么就要按上面箭头所指示的方向"↑"朝前走。

2. 引导幼儿观看广场周围的花草树木，鼓励幼儿夸夸天安门广场的美景（如有许多鲜花、花球、花柱，真好看、好漂亮，百花齐放、五颜六色、色彩艳丽），使幼儿感受到天安门广场就像是一个五彩缤纷的大花园，特别的美丽、充满芳香。

图片1-1 天安门广场指路牌

图片1-2 天安门广场花坛

3. 启发幼儿环视广场周围的各种建筑，鼓励幼儿赞美天安门广场的建筑（如很高、很大、好气派、挺拔、耸入云天），使幼儿体会到天安门广场就像是一组精美绝伦的建筑群，特别的雄伟壮丽。

4. 鼓励幼儿想想什么叫广场（面积广阔的场地，特指城市中的广阔场地），使幼儿知道天安门广场位于首都北京市的中心，是世界上最宽广、最壮观的城市中心广场。

（二）仰望中国国家博物馆

教师、家长带领幼儿来到天安门广场东侧的气势磅礴的中国国家博物馆西门围栏前。

1. 指导幼儿观看围栏上独特的装饰，启发幼儿说说栏杆上雕刻了什么（如五角星、馆徽、龙纹）。

图片 1-3　中国国家博物馆西门

2. 引导幼儿仰望雄伟浩大的国家博物馆，启发幼儿找找馆名（在两边、上方），数数馆名有几个大字（7个），讲讲这7个大字是什么颜色（金色）；鼓励幼儿寻找馆徽（在中间、上方），说说馆徽是什么颜色（金色和红色）、上面有什么图案（五角星和红旗）；使幼儿知道金色和红色都是象征吉祥喜庆的传统色彩。

3. 鼓励幼儿猜猜在国家博物馆里会有哪些了不起的宝物（如青铜冰鉴、青铜四羊方尊、青铜错金银云纹铜犀尊）；告诉幼儿这是世界上单体建筑面积最大的博物馆，里面珍藏着青铜器、瓷器、玉器等许多了不起的国宝，以后会带他们进馆去寻宝、看宝。

4. 启发幼儿竖起大拇指，为国家博物馆点个赞；拿出小相机，拍摄国家博物馆；用小画板和彩笔，画画国家博物馆。

（三）瞻仰人民英雄纪念碑

教师、家长带领幼儿走过人行横道，来到天安门广场中央的高耸入云的人民英雄纪念碑前。

1. 引导幼儿观察站在"中国武警"岗亭里值勤的武警战士，使幼儿知道他们正在守卫人民英雄纪念碑，鼓励幼儿模仿一下他们英姿飒爽的军姿。

2. 指导幼儿学看"人民英雄纪念碑"展板简介，并给幼儿读读讲讲（1949年9月30日，中国人民政治协商会议第一届全体会议决定建立一座人民英雄纪念碑，1952年8月1日动工，1958年4月建成。人民英雄纪念碑由两层月台、两层须弥座、碑身和碑顶组成，通高37.94米，东西宽50.44米，南北长61.54米，共使用17 000多块花岗石和汉白玉，是我国历史上最大的纪念碑），使幼儿知道人民英雄纪念碑是国家和人民纪念英雄烈士的永久性纪念设施。

图片1-4 人民英雄纪念碑

3. 启发幼儿寻找纪念碑的二层月台；引导幼儿观看纪念碑的二层须弥座，启发幼儿说说上层小须弥座上雕刻了什么图案（花环），使幼儿知道这些花环表示对革命先烈的崇敬之情；鼓励幼儿数数下层大须弥座上有多少块浮雕（10块），讲讲上面雕刻了什么（许多英雄人物），使幼儿知道这些浮雕反映了中国历史上的重大革命事件

("虎门销烟""金田起义""武昌起义""五四运动""五卅运动""南昌起义""抗日游击战""胜利渡长江"以及"支援前线"和"欢迎人民解放军")。

4. 引导幼儿仰望纪念碑的碑身和碑顶,感受人民英雄纪念碑的高峻挺拔,使幼儿知道这是为了纪念革命烈士而兴建的;指导幼儿观看碑身正面碑心石上毛泽东主席亲笔题词的"人民英雄永垂不朽",启发幼儿数数它有几个大字(8个),说说这8个大字是什么颜色(金色);和幼儿一起向人民英雄致敬,使幼儿知道要缅怀先烈,铭记历史。

5. 指导幼儿观瞻纪念碑背面碑心石上的碑文,告诉幼儿这是毛泽东主席撰文、周恩来总理题写的碑文,使幼儿知道许多人民英雄抛头颅、洒热血才换来了我们今天的幸福生活,我们一定要好好学习,将来为祖国的繁荣昌盛做贡献。

(四) 瞻仰毛主席纪念堂

教师、家长带领幼儿来到天安门广场南边的庄严肃穆的毛主席纪念堂北门前。

1. 指导幼儿观赏东、西两侧的群雕,使幼儿知道它们都表现了中国人民在党和毛主席的英明领导下,建立新中国的伟大成就;鼓励幼儿模仿自己崇拜的群雕上的英雄人物的造型。

图片 1-5　毛主席纪念堂北门

2. 引导幼儿观瞻毛主席纪念堂主体建筑,启发幼儿数数基座有几层(2层平台)、屋顶有几层(2层玻璃飞檐);鼓励幼儿说说它看上去像什么形状(正方形),使幼儿知道这是柱廊型正方体,雄伟挺拔,庄严肃穆;引导幼儿寻找"毛主席纪念堂"匾额(镶嵌在正门上方),数数它有几个大字(6个),说说它是什么颜色(金色);告诉幼儿毛主席纪念堂是党和国家的最高纪念堂,是以毛主席为核心的党的第一代革命领袖集体的纪念堂,以后会带他们进去瞻仰。

3. 打开手机音频,边播放歌曲《东方红》边邀请幼儿一起轻声吟唱,培养幼儿对毛主席和中国共产党的热爱之情。

4. 引导幼儿观看前方的人民英雄纪念碑、国旗杆、天安门城楼,启发幼儿想想什么叫中轴线;告诉幼儿中轴线就是大建筑群平面中统率全局的轴线,中轴线就像"书脊"一样,贯穿南北;使幼儿知道毛主席纪念堂在广场的南部,人民英雄纪念碑在广场的中央,天安门城楼在广场的北端。

(五) 仰望人民大会堂

教师、家长带领幼儿来到天安门广场西侧的巍峨壮丽的人民大会堂前。

图片 1-6 人民大会堂

1. 指导幼儿观察人民大会堂的建筑造型,说说它有什么特点(中部较高,两边较低)、它看上去像什么形状("山"字形状);启发幼儿寻找"中华人民共和国国徽"(悬挂在正门上方正中处);引导幼儿数数正门迎面有多少根又粗又高的大理石门柱(12根);看看正门前许多花岗岩台阶,使幼儿感受到大会堂的壮丽典雅,知道它是全世界最大的会堂式建筑。

2. 告诉幼儿人民大会堂是召开全国人民代表大会的地方,也是举行重要活动的场所。

3. 向幼儿呈现100元人民币,引导幼儿观看其背面图案上的"人民大会堂";启发幼儿进行比较,说说它和眼前的这个"人民大会堂"建筑是否相同(相同),使幼儿知道人民是国家的主人。

4. 引导幼儿观看天安门广场对面的中国国家博物馆,启发幼儿想想什么叫对称;告诉幼儿对称就是物体对某一点、直线或平面而言,在大小、形状和排列上相互对应;鼓励幼儿说说我们身体上有哪些器官是左右对称的(如眼睛、耳朵、鼻孔、手、脚);

使幼儿知道中国国家博物馆和人民大会堂在广场的东西两侧遥遥相对。

（六）仰望国旗杆

教师、家长带领幼儿来到天安门广场北边的耸入云霄的国旗杆前。

1. 指导幼儿仰望国旗杆顶端迎风飘扬的五星红旗，启发幼儿说说国旗是什么形状（长方形）、什么颜色（红色）；鼓励幼儿想想红色的旗面表示什么意思（革命），旗面左上方的 5 颗黄色五角星表示什么意思（中国共产党领导下的中国人民大团结）；使幼儿知道我们"生在新中国，长在红旗下"，一定要努力学习，把祖国建设得更加美好。

图片 1-7　国旗杆

2. 引导幼儿观看国旗杆基座平面，启发幼儿数数它有几层（3 层），使幼儿知道内层是正方形汉白玉平台；第二层是环绕基座的褚色花岗岩石带，表示"人民江山万代红"；第三层是四季常青的绿化带，表示社会主义祖国欣欣向荣；指导幼儿观看国旗杆基座周围由金黄色钢制隔离墩连成的护栏，启发幼儿数数有多少个护栏（56 个），想想为什么是 56 个护栏，使幼儿知道它象征 56 个民族手拉着手，心连着心，团结在国旗下。

3. 提醒幼儿观察在国旗杆旁站岗值勤的国旗护卫队叔叔，鼓励幼儿想想他们为什么要站在这里（护国旗，壮国威）；使幼儿知道升降国旗是一项非常神圣的工作，无论是寒冷的冬天还是炎热的夏天，国旗护卫队叔叔都会在每天早晨日出时把国旗升起来，在傍晚日落时把国旗降下来，以表示五星红旗与太阳同升同落；启发幼儿想想举行升旗仪式时应当奏唱什么歌曲（国歌）、为什么要奏唱国歌（象征伟大的祖国蒸蒸日上）。

4. 打开手机视频，和幼儿一起观看"天安门广场升国旗仪式"；鼓励幼儿说说在幼儿园的升旗仪式中，应如何像国旗护卫队叔叔学习，做一个合格的护旗手、升旗手；告诉幼儿以后还会带他们来天安门广场看升国旗、降国旗的仪式。

5. 打开手机音频，和幼儿一起轻声吟唱儿童歌曲《我爱北京天安门》。

（七）观赏天安门城楼

教师、家长带领幼儿走过地下通道，来到天安门广场北端金碧辉煌的天安门城楼前。

1. 指导幼儿观赏天安门城楼，鼓励幼儿赞美它的外观（如红墙黄瓦、色彩绚丽、雕梁画栋、威严庄重、气势宏大）；启发幼儿说说天安门城楼由哪两个部分组成（城楼和城台），使幼儿知道它是中国古代最雄伟壮丽的城楼之一。

图片 1-8　天安门城楼

2. 提醒幼儿观看城楼上的朱红色通天圆柱，启发幼儿数数两边各有几面五星国旗（4面），共有几面五星红旗（8面），有什么特点（两边对称），鼓励幼儿猜猜"8"表示什么意思（如祖国兴旺发达）；引导幼儿寻找悬挂在城楼上的国徽（在城楼重檐上方正中，位于2楼和3楼之间），使幼儿知道天安门图案在国徽里，它是中华人民共和国的象征；告诉幼儿以后带会他们去城楼上参观。

3. 引导幼儿观瞻悬挂在城台上的巨大的毛主席画像（在城台正中门洞上方），教幼儿认读左右两边的大幅标语"中华人民共和国万岁""世界人民大团结万岁"，使幼儿知道它也具有两边对称的特点；告诉幼儿1949年10月1日，毛主席在天安门城楼上庄严宣告中华人民共和国成立了，从此天安门城楼成为新中国的象征，成了全国人民无比向往的地方；指导幼儿数数城台下有几个门洞（5个），启发幼儿说说这些门洞是什么形状（拱形），大小是否相同（不同），有什么特点（中间的门洞最大，两边的门洞对称、逐渐变小），使幼儿知道中间的最大门洞位于北京皇城的中轴线上。

4. 启发幼儿观察在天安门城楼前站岗值勤的哨兵叔叔，使幼儿知道他们在守卫天安门，保卫祖国；鼓励幼儿夸夸哨兵叔叔（最美哨兵、最帅哨兵，站得笔直、岿然不动),提醒幼儿学学他们的英姿。

5. 指导幼儿观看天安门城楼前的金水桥,启发幼儿说说桥面、桥身有什么特点(桥面略拱,桥身像彩虹),使幼儿感受到金水桥的奇丽;引导幼儿数数有几座金水桥(5座),使幼儿知道这5座石桥对应着天安门的5个门洞;鼓励幼儿说说桥栏杆柱头上分别雕刻了什么(中间那座桥的栏杆柱头上刻着云龙,左右两座桥的栏杆柱头上刻着荷花),使幼儿感受到汉白玉雕栏石桥的精致。

图片 1-9　天安门前金水桥

图片 1-10　天安门前石狮子

6. 引导幼儿观赏金水桥桥南东西两侧摆放着的一对凶猛的石狮子,鼓励幼儿描述威风凛凛的狮子造型(如身躯庞大,坐在石墩上;头有点侧歪,眼睛瞪得很大,嘴巴张得很大;头上的鬃毛缠卷;身披锦带,带上有环铃坠);提示幼儿想想这头狮子是公狮还是母狮(脚下踩着1只小绣球的是雄狮,脚下踩着1只小狮子的是雌狮);指导幼儿学看"石狮子"展板简介,使幼儿知道雌雄两对石狮子分别立于金水桥南北,是主体建筑天安门的重要装饰。

7. 提醒幼儿观看金水桥桥南东西两侧耸立着的一对端庄秀丽的华表,鼓励幼儿说说这对挺拔的汉白玉柱子上雕刻了什么图案（在柱身上，雕刻着盘龙和祥云；在柱头上，有只石质瑞兽蹲立在顶盘里）；引导幼儿学看"华表"展板简介，告诉幼儿在天安门前后各有一对华表，它也是主体建筑天安门的重要装饰，它与壮丽的天安门城楼、典雅的金水桥、威武的石狮子构成一体，使天安门成为完美的建筑艺术杰作。

8. 鼓励幼儿用彩笔在画板上画一画自己喜欢的天安门城楼、金水桥、石狮子、华表；引导幼儿以自己向往的天安门城楼为背景，拍一拍"个人风采照""闺蜜照""全班福""全家福"，记录这美好的时光。

图片 1-11　天安门华表

（八）欣赏天安门广场全景

教师、家长带领幼儿从天安门广场北端往南端行走。

1. 引导幼儿依次观赏天安门广场全景，不遗忘任何一座地标建筑物。

图片 1-12　天安门广场全景

2. 鼓励幼儿当小导游，说说途经的各个重要景观的名称（如天安门城楼、国旗杆、人民英雄纪念碑、人民大会堂、中国国家博物馆、毛主席纪念堂）。

（九）学看天安门地区游览图

教师、家长带领幼儿来到"天安门地区游览图"前。

1. 指导幼儿学看"天安门地区游览图"，启发幼儿说说各个图案表示什么景点（从北往南看，分别是天安门、人民英雄纪念碑、毛主席纪念堂；人民英雄纪念碑的东边是中国国家博物馆，西边是人民大会堂）。

2. 告诉幼儿在毛主席纪念堂的南边是正阳门，马上带他们去观看，以后还会带

教师、家长带领幼儿游逛广场活动方案

他们去参观箭楼、中山公园、劳动人民文化宫。

（十）再瞻毛主席纪念堂

教师、家长带领幼儿来到位于天安门广场南边的毛主席纪念堂南门前。

1. 引导幼儿仰望门匾上的"毛主席纪念堂"这6个金色大字；启发幼儿寻找台阶下的"出口"标志，使幼儿知道北门是"进口"，南门是"出口"。

2. 指导幼儿观看门外两侧的群雕；鼓励幼儿说说它们与北门两侧的群雕是否相同（不同）；使幼儿知道这两座雕塑表现了我国各族人民决心继承革命先辈遗志，为建设社会主义强国而努力奋斗的情景。

图片1-13　天安门地区游览图

图片1-14　毛主席纪念堂南门

（十一）观赏正阳门城楼

教师、家长带领幼儿来到位于天安门广场南端的正阳门城楼前。

1. 启发幼儿说说正阳门的位置（在毛主席纪念堂南边，在天安门广场南端），使幼儿知道它坐落在北京城的中轴线上。

2. 引导幼儿观赏这座宏丽高大的古代城楼，使幼儿知道下面是城台，上面是城楼；启发幼儿说说城台有什么特点（如砖头堆砌，上窄下宽，正中有拱形城门洞）、城楼有什么特点（如灰筒瓦绿、朱红梁柱、金花彩绘，楼阁式建筑，楼脊饰龙头兽吻），使幼

图片 1-15 正阳门城楼

儿知道正阳门城楼是老北京内城九门中最为高大的一座城门,因为它的建筑形式较为独特,所以一直被看作是老北京的象征。

3. 指导幼儿学看城楼旁的"正阳门"展板简介,使幼儿知道正阳门也叫前门,原名叫丽正门,在它的南面添建作为城楼前沿的防御性建筑的箭楼;告诉幼儿以后会带他们去箭楼观看。

四、游逛天安门广场活动的延伸

1. 举办天安门广场绘画展。教师、家长鼓励幼儿把自己在天安门广场的绘画作品拿出来展览,向同伴、家人介绍自己的画作,说说自己画画时的情景,以加深幼儿对天安门广场的美好印象。

2. 举行天安门广场摄影展。教师、家长和幼儿一起把在天安门广场拍摄的照片打印出来,参照天安门广场的布局,在班里、家里加以陈列,启发幼儿说说拍照时的喜悦心情,以强化幼儿对天安门广场的愉快体验。

3. 搭建天安门广场主要景观。教师、家长引导幼儿利用各种环保材料搭建天安门广场,正确摆放各个地标建筑物的位置(如天安门城楼、国旗杆、人民英雄纪念碑、中国国家博物馆、人民大会堂、毛主席纪念堂、正阳门城楼),以加强幼儿对天安门广场中轴线的理解。

4. 观看天安门广场升(降)旗仪式。教师、家长浏览"北京市人民政府天安门地区管理委员会"门户网站(http://tamgw.beijing.gov.cn/),查看天安门广场的升旗时

间、降旗时间;教师鼓励家长利用双休日早晨日出(傍晚日落)时间,带领幼儿去天安门广场观看升(降)国旗仪式,以丰富幼儿对国旗重要性的认识。

5. 观瞻天安门城楼。教师、家长了解天安门城楼的开放时间(8:30—16:30)、门票价格(成人票为15元,6岁以下、1.2米以下的儿童免票,凭有效证件参观)、注意事项(如穿着需得体、禁止携带包、液体、食品、火种);教师鼓励家长利用寒暑假,带领幼儿登上天安门城楼,观赏古色古香的前廊、大厅,观看图文并茂的展览作品,俯瞰川流不息的长安街、气势恢宏的天安门广场,以增强幼儿的爱国之情。

6. 瞻仰毛主席纪念堂。教师、家长上网(http://cpc.people.com.cn/GB/143527/143528/)浏览毛主席纪念堂的信息,查阅"纪念堂概况""领袖生平""领袖业绩",了解"瞻仰参观须知"(如开放时间为星期二至星期日8:00—12:00,实名网络免费预约瞻仰);带领幼儿去瞻仰毛主席纪念堂,走进各个展厅,观看照片、文献、实物,感受毛主席在中国革命和建设的各个时期的丰功伟绩,中国共产党领导人民进行革命和建设的奋斗历程,使幼儿体会到要珍惜来之不易的幸福生活,要"好好学习,天天向上"。

7. 参观中国国家博物馆。教师、家长先浏览中国国家博物馆官网(http://www.chnmuseum.cn/),查阅"通告公告""开放时间"(每天9:00—17:00,周一例行闭馆)、"交通地理"(北京东城区东长安街16号天安门广场东侧,地铁1号线"天安门东站")、"参观预约"(有家长陪伴的1.3米及以下儿童可直接入场参观,1.3米以上儿童由家长使用儿童身份证号代为预约入场参观)、"参观须知"(如在开放时间内持本人有效身份证件入馆参观各免费展览,参观时请勿大声喧哗,展厅内请勿饮食,场馆内请勿奔跑、追逐、打闹、攀爬、躺卧)等信息,后带领幼儿去参观中国国家博物馆;通过观看"古代中国""复兴之路"和"复兴之路新时代部分"等基本陈列,帮助幼儿了解中华优秀传统文化、革命文化、社会主义先进文化;通过观看"中国古代服饰文化展""中国古代钱币展""中国古代铜镜文化展""中国古代书画展""中国古代瓷器艺术展""中国古代玉器艺术展""中国古代饮食文化展"等专题展览,促使幼儿热爱中国古代文化。

8. 观赏正阳门箭楼。教师、家长带领幼儿去参观正阳门箭楼(位于北京市东城区前门大街北端),引导幼儿观看门前的一对石狮子,鼓励幼儿寻找"正阳门"门匾(在城台正中门洞上方);指导幼儿观看砖砌堡垒式建筑,启发幼儿想想箭楼是什么意思(古代城墙上周围有远望、射箭窗孔的城楼);引导幼儿数数箭楼南面有几层(4层),每层有多少个箭窗(13个),使幼儿知道南面的这52个箭窗加上东面、西面的箭窗共有94个箭窗,鼓励幼儿说说这些箭窗有什么用处(对外射箭);告诉幼儿在中国古代,箭楼与正阳门城楼城墙相连,组成了一个很大的瓮城,后来,瓮城逐渐被拆毁,箭楼与正阳门城楼便隔街相望;使幼儿知道正阳门箭楼体现了中国古代军事防御思想和技术水平,是北京城中轴线天安门南端的一个重要建筑,是老北京的象征。

图片1-16　正阳门箭楼

9.参观中国铁道博物馆。教师、家长先打开中国铁道博物馆官网(http://www.china-rail.org.cn/),点击"参观指南",查阅"正阳门展馆"(开馆时间为9:00—17:00,星期一闭馆;可乘坐地铁2号线在"前门站"下车;未成年人、60周岁及以上老年人持有效证件免门票),后带领幼儿去参观位于天安门广场东南侧的中国铁道博物馆;指导幼儿欣赏中国铁道博物馆的建筑风格,使幼儿知道这是一座历经沧桑的欧式建筑;启发幼儿寻找馆名"中国铁道博物馆",提醒幼儿观看拱形门廊上的"京奉铁路正阳门东车站",使幼儿知道这座博物馆是由原来的京奉铁路正阳门东车站改建而成的,这个车站曾经是全国最大的火车站和最大的交通枢纽;引领幼儿走进展馆,观看"中国铁路发展史"展览;指导幼儿观看图片史料、实物展品,帮助幼儿了解中国铁路的发展历史、辉煌成就和美好前景。

教师、家长带领幼儿游逛广场活动方案

图片1-17 中国铁道博物馆

10. 游览中山公园。教师、家长先打开北京中山公园官网（http://www.zhongshan-park.cn/），查阅"公园简介""公园景点""公园花卉""游览指南"，了解"游园规定""门票价格"（6周岁及以下或身高1.2米及以下的儿童免费入园；平日门票价格为3元；"六一"儿童节当天，学龄前儿童及1位家长免费）、"游览地图""公园交通"（如乘坐地铁1号线在"天安门西站"下车）、"开放时间"（6：30—20：00），后带领幼儿去游览位于天安门西侧的中山公园；通过观瞻保卫和平坊，使幼儿能感受到和平的珍贵；通过瞻仰中山像，使幼儿能知道这座公园是为了纪念伟大的民主革命先驱孙中山先生而改名的（原名为中央公园）；通过游逛唐花坞，感知飞燕展翅的建筑造型，观赏各种花卉展览，使幼儿能知道"唐花"就是在暖房里培育的花，也叫"堂花"；通过观看兰亭八柱亭，使幼儿能了解我国历代书法大家的杰作；通过游览蕙芳园，观赏中国传统名贵花卉兰花，使幼儿能知道兰花是"花中君子"；通过游逛愉园，观看各种名贵金鱼，使幼儿能知道因为"鱼"与"愉"谐音，所以取名愉园，并喜欢这座全国第一个陈列金鱼的公园。

图片 1-18 中山公园

11. 参观故宫博物院。教师、家长浏览故宫博物院官网(https://www.dpm.org.cn/Home.html),点击"导览",查找"开放时间"(8:30—16:30)、"在线订票"(6周岁及以下或身高1.2米及以下儿童免票参观;"六一"儿童节,14周岁及以下儿童,随同家长1人享受半价优惠)、"游览须知""交通路线"(如1号地铁线"天安门东"或"天安门西")、"全景故宫""导览地图";点击"展览",查看"近期展览""专馆""原状陈列";教师鼓励家长利用业余时间带领幼儿去参观位于天安门北端的故宫博物院举办的近期展览,引导幼儿走进古建馆、书画馆、陶瓷馆、雕塑馆、青铜器馆、钟表馆、珍宝馆、戏曲馆、家具馆等专馆,指导幼儿观赏原状陈列的精美藏品,使幼儿能充分感受悠久灿烂的中华文明,热爱中国古代文化艺术。

12. 参观首都博物馆。教师、家长先浏览首都博物馆官网(https://www.capitalmuseum.org.cn/),点击"走进首博",查阅"参观指南",了解"交通与周边信息"(北京市西城区复兴门外大街16号,地铁1号线"木樨地站")、"参观须知"(开放时间为每天9:00—17:00,周一例行闭馆;开放方式为预约参观);点击"展览信息",了解"最新展览",带领幼儿去首都博物馆观展;通过走进"古都北京·历史文化篇""京城旧事——北京民俗展"等展厅,帮助幼儿了解恢宏壮丽的北京文化及都城发展史;通过走进"读城——探秘北京中轴线"展厅,使幼儿知道北京拥有一条古老而神秘的城市中轴线，就像脊梁一样贯穿城市南北，形成了北京两翼对称的城市结构和四通八达的交通网络格局，并能深切感受到北京历史文化名城的壮美，为这条世界上现存规模最长的城市中轴线而感到骄傲。

图片 1-19　首都博物馆

第二章　教师、家长带领幼儿游逛江苏省无锡市二泉映月广场活动方案

一、游逛二泉映月广场活动的目标

1. 教师、家长促使幼儿认识到二泉映月广场坐落在无锡市崇安寺旅游景区内，有许多著名的景观（如阿炳故居、无锡市城市原点、阿炳雕像、钟楼），以增强幼儿对无锡美景的体验。

2. 教师、家长帮助幼儿意识到举世闻名的二胡乐曲《二泉映月》就诞生于二泉映月广场上的阿炳故居，以丰富幼儿对无锡名人名曲的认知。

二、游逛二泉映月广场活动的准备

1. 教师、家长和幼儿一起在网上观看电影《二泉映月》（八一电影制片厂，1979年上映），边看边给幼儿简单讲解，使幼儿知道阿炳是无锡民间音乐家，从小跟着父亲刻苦学艺，会演奏多种乐器，成了出色的乐师"小天师"，技艺越来越高，创作出名曲《二泉映月》，深受人们的喜爱。

2. 教师、家长和幼儿一起在网上欣赏歌曲《二泉映月》（阿炳曲，王健词），边听边引导幼儿一起吟唱（听琴声悠悠，是何人在黄昏后，身背着琵琶沿街走，身背着琵琶沿街走。阵阵秋风，吹动着他的青衫袖，淡淡的月光，石板路上人影瘦，步履遥遥出巷口，宛转又上小桥头。四野寂静，灯火微茫映画楼。操琴的人，试问知音何处有，一声低吟一回首，只见月照芦狄洲，只见月照芦狄洲。琴音绕丛林，琴心在颤抖，声声犹如松风吼，又似泉水匆匆流，又似泉水匆匆流。憔悴琴魂做漫游，平生事啊难回首，岁月消逝人烟留，年少青丝，转瞬已然变白头。苦伶仃举目无亲友，风雨泥泞怎忍受，荣辱沉浮无怨尤，荣辱沉浮无怨尤。惟有这琴弦解离愁，晨昏常相伴，苦乐总相守，酒醒人散余韵悠，酒醒人散余韵悠。莫说壮志难踌，胸中歌千首，都为家乡山水留。天地悠悠，唯情最长久，共祝愿，五洲四海烽烟收，家家笙歌奏，年年岁岁乐无忧，年年岁岁乐无忧。纵然人似黄鹤，一抔净土惠山丘，此情绵绵不休。天涯芳草知音有，你的琴声还

伴着泉水流),以加深幼儿对阿炳和《二泉映月》的了解。

3. 教师、家长和幼儿一起聆听二胡名曲《二泉映月》,鼓励幼儿说说这首乐曲是谁创作的(阿炳),听后有什么感想(拉得真好、技艺高超、很美妙、很感人、很忧伤,要奋斗)。

4. 教师、家长上网查找二泉映月广场的地址(梁溪区中山路与新生路之间的人民路上)、公共交通(地铁1号线等)、开放情况(免费)等信息。

5. 教师、家长高兴地告诉幼儿将要带他们去游览二泉映月广场,拜望阿炳老爷爷;鼓励幼儿把自己打扮得漂漂亮亮,背上小双肩包,带上小画板、小相机等物品。

三、游逛二泉映月广场活动的过程

(一) 仰望石雕柱子

图片 2-1 石雕柱子

教师、家长带领幼儿来到二泉映月广场南端入口处的石雕柱子旁。

1. 指导幼儿观看高大笔直的石雕柱子,启发幼儿说说它看上去像什么(像把一块一块积木整齐地堆叠起来、像堆得很高的积木);引导幼儿仰望柱子,讲讲每块石雕上刻了什么(数字、文字);指导幼儿寻找数字"1893""1950",鼓励幼儿猜猜这两组数字表示什么意思;教幼儿认读石雕上的汉字"阿炳",使幼儿知道"1893"表示阿炳是这一年出生的,而"1950"则表示阿炳是这一年病逝的。

2. 引导幼儿在石雕柱子上寻找各个方块上面的醒目的特大的文字(阿炳、二胡、《二泉映月》、传奇);使幼儿知道阿炳从8岁开始跟随父亲学习二胡等乐器,《二泉映月》是阿炳的代表作,荣获20世纪华人音乐经典作品奖,阿炳故居记录了阿炳传奇的一生。

(二) 观看景区宣传栏

教师、家长带领幼儿来到二泉映月广场南端的崇安寺旅游景区宣传栏前。

1. 指导幼儿学看"崇安寺旅游景区全景图",启发幼儿想想图上的红色五角星"★"表示什么意思(我们当前所处的位置),鼓励幼儿说说在崇安寺的北面是什么路(县前街),南面是什么路(人民路),西面是什么路(中山路),东面是什么路(新生路);告诉幼儿景区在人民路有2个入口,在中山路有1个入口,在新生路有2个入口,启发幼儿计算共有几个入口(2+1+2=5,5个),使幼儿感受到进入崇安寺游玩特别方便。

图片 2-2　崇安寺旅游景区宣传栏

2. 引导幼儿在"崇安寺旅游景区全景图"上寻找9个重要的数字(⑦⑥⑧⑨⑪⑬②④①),告诉幼儿这些是今天要游览的9个好玩的地方(⑦是二泉映月广场,⑥是阿炳故居,⑧是阿炳雕像,⑨是钟楼,⑪是玉皇殿,⑬是崇安阁,②是皇亭,④是荣德生救市雕塑,①是牌楼)。

3. 启发幼儿观看"旅游景区介绍",使幼儿知道崇安寺旅游景区被称为"最无锡"的地方。二泉映月广场位于无锡市中心,是繁华的城市广场。

(三) 观赏花坛

教师、家长带领幼儿来到二泉映月广场南端的花坛前。

1. 指导幼儿观赏花坛,鼓励幼儿夸夸鲜艳的花草(五颜六色、百花齐放、花团锦簇)、美丽的太湖、高高挂起的大红灯笼(鲜艳夺目,很喜庆)。

2. 引导幼儿认读展板上的"崇安寺欢迎您",鼓励幼儿数数它有几个大字(6个),说说这6个大字是如何排列的(竖着排的)。

图片 2-3　广场南端花坛

（四）观看《二泉映月》曲谱石雕

教师、家长带领幼儿走过花坛，来到二泉映月广场石雕《二泉映月》曲谱前。

1. 指导幼儿观看花丛上的一块大石雕，启发幼儿说说它看上去像什么（一本打开的大书）；鼓励幼儿猜猜它上面雕刻了什么（《二泉映月》曲谱）；夸奖幼儿"你真了不起，猜对了"，提醒幼儿为自己点个赞。

图片 2-4　广场南端石雕《二泉映月》曲谱

2. 引导幼儿聆听广场上空飘扬的乐曲声，鼓励他们说说这是什么乐曲（《二泉映月》），表扬幼儿"你真棒，说对了"，提示幼儿夸夸自己。

3. 鼓励幼儿讲讲自己所知道的《二泉映月》乐曲的故事(无锡人阿炳创作,二胡独奏曲,闻名中外,很亲切、很好听、很动人),告诉幼儿二泉映月广场与《二泉映月》乐曲密切相联。

(五) 瞻仰阿炳故居

教师、家长带领幼儿来到二泉映月广场东边古朴幽静的阿炳故居前。

1. 指导幼儿认读大门左边石碑上的"阿炳故居"这4个大字,使幼儿知道这是"国宝"(全国重点文物保护单位);鼓励幼儿猜猜"故居"是什么意思(某人曾经居住过的地方),使幼儿知道这里曾经是阿炳老爷爷住过的地方,是阿炳老爷爷的家;引导幼儿认读大门上方匾额"阿炳纪念馆",启发幼儿想想"纪念馆"是什么意思(为纪念有卓越贡献的人而建立的纪念地),使幼儿知道这里是纪念杰出的民间音乐家阿炳的地方;引导幼儿观看大门右边展板上的"阿炳纪念馆参观须知",使幼儿知道要遵守纪念馆的规定,做一个文明的参观者。

图片 2-5　阿炳故居

2. 引领幼儿走进阿炳故居,观看宣传栏上的"阿炳纪念馆全景图",使幼儿知道这里共有5个展陈大厅(① 表示一号厅:序言,② 表示二号厅:阿炳生平介绍,③ 表示三号厅:阿炳生前起居介绍,④ 表示四号厅:阿炳音乐成就,⑤ 表示五号厅:阿炳音乐赏析);给幼儿讲读"阿炳纪念馆简介",使幼儿知道阿炳纪念馆是设在阿炳故居里的,是了解阿炳人生经历和艺术成就的主要场所。

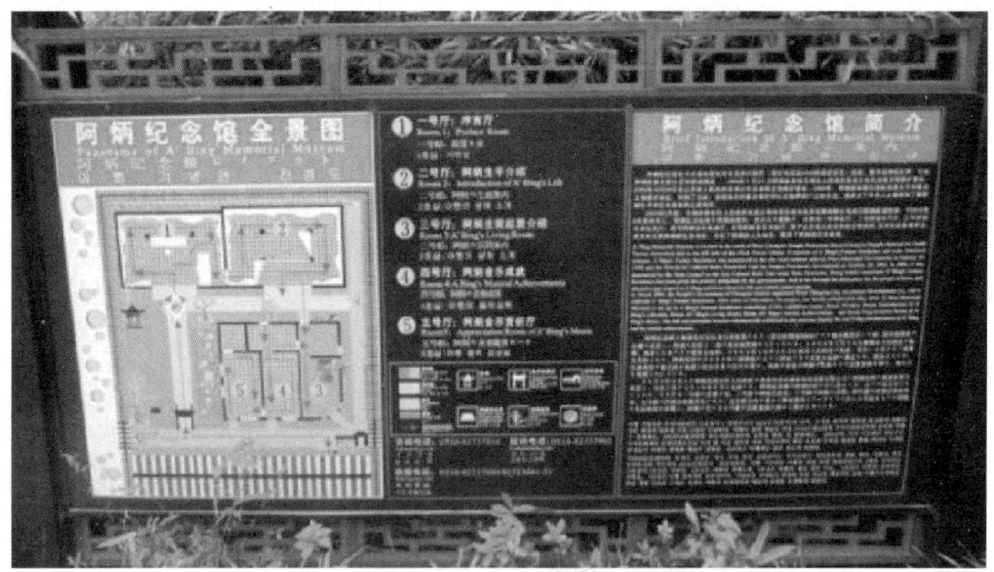

图片 2-6　阿炳纪念馆宣传栏

3. 指导幼儿观看通灵桥牌坊、洞虚宫古井，使幼儿知道这些都是历史遗物；引导幼儿观赏雕刻精美的壁画（如阿炳进城、龙船曲、听松石床、二泉映月、茶楼说唱、惨遭迫害、余音人间），使幼儿知道它再现了阿炳的艺术人生。

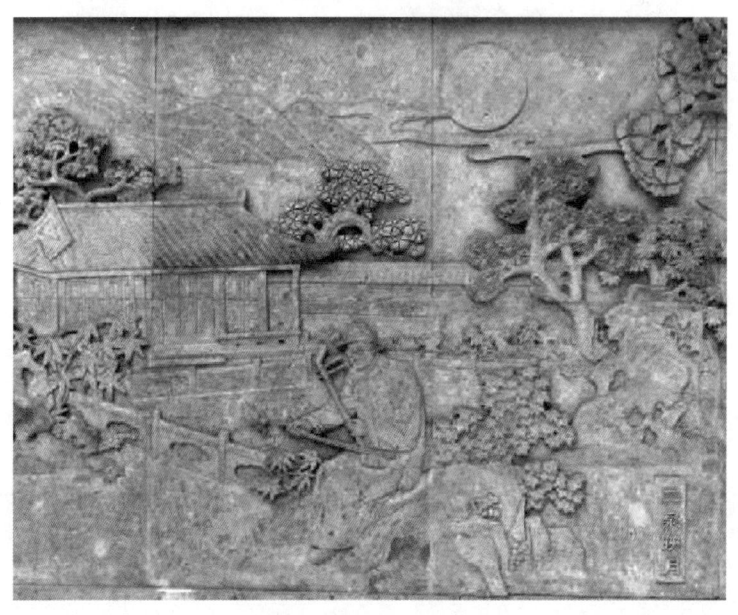

图片 2-7　壁画（二泉映月）

4. 引导幼儿走进各个展厅，观看展墙、展柜、展品，轻声地为幼儿讲解，使幼儿知道阿炳老爷爷就是在这里出生的，他从小勤奋好学，多才多艺；提醒幼儿仔细观察破烂的小平房里陈旧的设施和简陋的用具（竹板床、破台桌、旧皮箱、旧二胡、琵琶、板、竹竿、旧床被、破枕头、旧草席、破长衫、旧鞋子），使幼儿知道阿炳老爷爷也是在这里逝世的，虽然他的生活条件很差，身体也不好，但他却顽强拼搏，因此取得了巨大的艺术成就，他的许多著名乐曲（如二胡曲《二泉映月》及《听松》、琵琶曲《龙船》及《大浪淘沙》）都是在这里创作的，他把自己的所见、所闻、所感和所想化作一段段扣人心弦、催人泪下的音符，被大家所喜爱。

图片 2-8　阿炳的家

5. 启发幼儿聆听纪念馆里循环播放的阿炳的经典作品《二泉映月》，使幼儿知道要向阿炳老爷爷致敬；鼓励幼儿思考应如何向盲艺人阿炳老爷爷学习，使幼儿知道要不屈不挠，为国争光。

（六）观看无锡市城市原点

教师、家长带领幼儿来到二泉映月广场中央的无锡市城市原点旁。

1. 引导幼儿观看它的造型，说说它看上去像什么（如像窨井盖），是什么形状的（圆形），猜猜它是什么材料铸造的（紫铜）。

2. 鼓励幼儿说说它上面有哪些形状（圆形、三角形），每种形状有几个、大小是否相同

图片 2-9　无锡市城市原点

(3个圆形,大小不同,4个三角形,大小相同);指导幼儿认读外面大圆圈上的"无锡市城市原点"这7个字,启发幼儿思考"城市原点"是什么意思(在城市主城区选取有代表性的地理位置设置的城市地理坐标),使幼儿知道这里是无锡市的中心;引导幼儿认读中间圆圈里的"东""南""西""北"这4个字,使幼儿知道上面是"北",下面是"南",左边是"西",右边是"东"。

3. 指导幼儿观察它最里面的小圆圈,说说上面雕刻了哪些图案(梅花、玉飞凤、水纹);启发幼儿想想它顶部的梅花表示什么意思(无锡市花),中部的玉飞凤表示什么意思(无锡市徽),底部的水纹表示什么意思(无锡的二泉、太湖、古运河、长江),使幼儿知道这些图案充分地说明了无锡是一个风光秀美、宜居宜游的山水名城。

(七)观瞻阿炳雕像

教师、家长带领幼儿来到二泉映月广场北面的阿炳雕像前。

1. 指导幼儿观察坐落在水池上面的栩栩如生的雕像,启发幼儿说说他是谁(阿炳老爷爷),他在干什么(拉二胡);指导幼儿描述阿炳老爷爷的穿戴(如头上戴着破旧的帽子,身上穿着破旧的衣服,脚上穿着破旧的鞋子),拉二胡的姿势(如坐在一块大石头上,跷着二郎腿,弯着腰,低着头,用心卖力地拉着二胡);鼓励幼儿模仿阿炳老爷爷刚健有力的拉二胡的动作(如左手按弦,右手拉弓),夸夸大师阿炳老爷爷(如能唱善奏,经常在街头广场演奏各种乐器,人们都很热爱他),为阿炳老爷爷点个赞。

图片2-10　阿炳雕像

2. 打开手机视频,和幼儿一起欣赏二胡曲《二泉映月》《听松》《寒春风曲》,琵琶曲《龙船》《昭君出塞》《大浪淘沙》,使幼儿知道阿炳爷爷能演奏多种乐器,特别擅长演奏二胡、琵琶,这六首名曲都是阿炳爷爷创作的,都是我国民族音乐殿堂中的瑰宝。

3. 引导幼儿观看展板上的"阿炳雕像"简介,使幼儿知道阿炳爷爷是位盲人音乐家,是我国音乐界的杰出大师,是无锡人民的骄傲。

4. 鼓励幼儿以自己喜欢的姿势(如拉二胡、用大拇指点赞、用双手做爱心状),站在阿炳爷爷雕像旁,拍照留念。

(八) 仰望钟楼

教师、家长带领幼儿来到二泉映月广场北端的钟楼前。

1. 指导幼儿观看矗立着的大楼,启发幼儿数数它有几层(4 层),说说它是什么颜色的(白墙黑瓦),讲讲它有什么特点(如拱形的门洞、廊窗洞,中间大、两边小,两边对称);鼓励幼儿夸夸大楼的美丽(如漂亮、气派、宏伟、简洁、古色古香),使幼儿知道这是一座中西合璧的建筑。

图片 2-11　钟楼

2. 引导幼儿寻找"图书馆"这 3 个黑色大字(在三楼中间的上方),使幼儿知道这 3 个黑色大字是竖着排列的。

3. 启发幼儿想想这幢大楼为什么叫钟楼(因为楼上有大自鸣钟);指导幼儿仰望钟楼,找找大钟在哪里(在四楼中间);鼓励幼儿讲讲这个古钟的形状(圆形),说说它上面有什么数字(12、3、6、9),使幼儿知道每到整点或半点时,钟锤就会敲响,发出悠扬的钟声。

4. 引导幼儿仰望钟楼顶部,使幼儿知道楼顶的避雷针是当年无锡市的地理"零坐标"。

5. 指导幼儿观看钟楼前石碑上的"无锡县图书馆旧址",使幼儿知道这是江苏省的"省宝"(江苏省文物保护单位);给幼儿讲读石碑上的简介,使幼儿知道这是我国最早创建的县级公共图书馆之一。

6. 引领幼儿走上台阶,观看钟楼的门匾"钟楼书院",启发幼儿说说它是什么颜色的、上面有几个大字(在金色背景上,有4个黑色大字);给幼儿讲读门边展墙上的"无锡县图书馆旧址"简介(第一层是阅览室,第二层是书库,第三层是保藏室,第四层是钟室),告诉幼儿无锡县图书馆旧址俗称钟楼,在当时是无锡县城内最高的标志性建筑;新中国成立后,该馆改名为无锡市图书馆,现已搬迁到太湖广场南面,以后会带他们去观看。

图片 2-12　钟楼书院

7. 鼓励幼儿拿出小画板和画笔,画一画钟楼;用小相机拍一拍钟楼。

(九) 观赏崇安阁

图片 2-13　崇安阁

教师、家长带领幼儿来到二泉映月广场西边的崇安阁前。

1. 指导幼儿观赏崇安阁,说说它是什么颜色的(黄色的琉璃瓦,红色的墙身门扇窗格,檐下是蓝色的花纹),讲讲它的角有什么特点(屋角的檐部向上翘起,飞檐翘角),数数它有几层(4层),找找它的牌匾(崇安阁、中国志睿、玉崇);鼓励幼儿夸夸崇安阁的美丽(如高大精美、气势非凡、古色古香),使幼儿知道它继承了中国江南传统建筑的风格。

2. 引导幼儿观看崇安阁下面的

"崇安寺记"大石碑,使幼儿知道崇安寺是无锡最古老的寺院,相传寺院原来是古代书法家王羲之的古宅,后来更名为崇安寺,近年重新修建后,又定名为崇安阁。

(十) 欣赏皇亭

教师、家长带领幼儿来到二泉映月广场西边的皇亭前。

1. 提醒幼儿在皇亭外边的石凳子上坐下来,仔细观赏皇亭;启发幼儿说说皇亭是什么颜色的(金色),数数它有几层(2层),找找亭子的匾额(在第一层与第二层之间的中间位置);引导幼儿看看皇亭的基台,数数皇亭有几根柱子、几个角;鼓励幼儿夸夸皇亭的美丽(如金色琉璃、斗拱彩绘、双层飞檐、庄重典雅、通透秀丽)。

图片 2-14 皇亭

2. 引导幼儿观看石板上的"皇亭"简介,使幼儿知道"皇亭"也叫"圣谕亭",是古代一位无锡知县建造的。

3. 引领幼儿走进皇亭,仰望藻井,欣赏上面非常漂亮的图案。

(十一) 观看荣德生救市雕塑

教师、家长带领幼儿来到二泉映月广场西边的荣德生救市雕塑前。

1. 指导幼儿观察荣德生救市雕塑,启发幼儿描述雕塑的场景(如有个人坐在黄包车里,右手指向前方,叫车夫拉着他朝前走);鼓励幼儿猜猜坐在黄包车里的人是谁

（荣德生），告诉幼儿他是无锡人，享有"面粉大王""棉纱大王"的美誉；引导幼儿玩玩拉黄包车的游戏（一个人假装坐在车里，另一个人假装拉着车跑），体会"坐车"与"拉车"的不同乐趣。

图片 2-15　荣德生救市雕塑

2. 给幼儿讲读石碑上的"荣德生救市"简介（无锡解放前，许多工商界人士准备南迁，荣德生为稳住民心，坐上自家包车，在无锡城里游逛，第一站就是崇安寺），使幼儿知道这尊雕像是为了纪念中国民族工商业先驱荣德生而建造的。

（十二）仰望崇安寺牌楼

教师、家长带领幼儿来到二泉映月广场西边的崇安寺牌楼前。

1. 引导幼儿仰望高大的崇安寺石牌楼，启发幼儿数数牌楼有几根大立柱（6根），柱子底座上有几对石狮子（6只、3对），使幼儿知道中国古人认为狮子有镇宅的作用；鼓励幼儿说说牌楼上雕刻了什么图案（巨龙与火珠、凤凰与牡丹、大象与童子、狮子与绣球），使幼儿知道它们都是中国传统喜庆欢乐的图案，"双龙戏珠"表示生活美满，"双凤朝牡丹"表示幸福富贵，"童子骑象"表示吉祥如意，"双狮滚球"表示好事在后头。

图片 2-16　崇安寺牌楼

2. 启发幼儿说说崇安寺牌楼有几扇门（3 扇），有什么特点（中间门大、两边门小、对称）；鼓励幼儿寻找牌楼上的 3 块匾额，说说它们是什么颜色的（金色）；指导幼儿认读中门匾额上的"崇安寺"，左右边门匾额上的"梁溪首刹""吴会名胜"，使幼儿知道崇安寺历史悠久，自古以来就是无锡的文化中心。

四、游逛二泉映月广场活动的延伸

1. 创建二泉映月广场。教师、家长引导幼儿在幼儿园里或家里，利用各种废旧物品搭建游逛过的二泉映月广场，并鼓励幼儿创想建造未来的二泉映月广场。

2. 举办民乐欣赏竞猜会。教师、家长给幼儿分别播放民间音乐家阿炳的二胡曲《二泉映月》《听松》《寒春风曲》以及琵琶曲《大浪淘沙》《龙船》《昭君出塞》，提醒幼儿仔细聆听；启发幼儿说说所听到的乐曲是什么乐器演奏的、曲名是什么、表达了什么意思（例如，乐曲《二泉映月》是用二胡演奏的，反映了阿炳老爷爷的苦难生活和顽强的意志；乐曲《听松》是用二胡演奏的，歌颂了民族大英雄岳飞；乐曲《龙船》是用琵琶演奏的，描写了人们在端午节赛龙船时的欢乐情景），给"说对了""说得真好"的幼儿发张"棒棒哒""赞赞赞"的贴纸，加以鼓励。

3. 游览公花园。教师、家长先上网查看公花园的信息（新生路，地铁 1 号线等可到达，免费开放），后带领幼儿到位于二泉映月广场北侧的公花园去游玩。

（1）来到公园大门前时，指导幼儿观看门口的一对石狮子，鼓励幼儿说说哪只是公狮子、哪只是母狮子（戏小球的是公狮子，戏小狮的是母狮子）；启发幼儿讲讲公园的大门有什么特点(如圆月式的拱门,飞檐翘角的门楼);引导幼儿寻找公园的名字(门匾在大门上方);鼓励幼儿猜猜这个公园为什么叫"公花园",使幼儿知道很早以前,无锡人集资修建了这个公园,因为不收门票,没有门槛,是公众的公园,所以就称它为公花园。

图片 2-17 公花园

(2) 当来到公园里精致的小园林时,告诉幼儿这里是紫园;启发幼儿猜猜它为什么叫"紫园",给幼儿讲讲"紫气东来"的美丽传说(老子过函谷关之前,关尹喜见有紫气从东而来,知道将有圣人过关,果然老子骑着青牛而来),使幼儿知道它比喻吉祥的征兆。

(3) 当走到一座小巧的石拱桥时,鼓励幼儿寻找桥的名字(迎旭);启发幼儿猜猜"迎旭"是什么意思(迎接朝阳),使幼儿知道这座小桥在公园的东入口,每天迎接着公园里的第一缕阳光,欢迎四面八方的游客。

(4) 当观察水池里的一块太湖石时,鼓励幼儿说说它看上去像什么(小乌龟),小乌龟在干什么(如探头探脑,伸颈游泳);告诉幼儿因为它看上去像乌龟,所以叫"灵龟石";使幼儿知道龟表示长寿,灵龟表示送瑞;给幼儿讲读展牌上的"灵龟石"简介,使幼儿知道有关龟的神秘传说(向龟投币时,如果币落在龟的头上,那就表示独占鳌头;如果币落在龟的背上,那就表示长命百岁;如果币落到龟的尾巴上,那就表示一帆风顺)。

图片 2-18　灵龟石

（5）当观赏水池边的一块大钟乳石时，鼓励幼儿说说它看上去像什么（如像瀑布，像江河奔流直下）；给幼儿讲读展台上的"冠瀑石《钟乳石》记"，使幼儿知道因为这块大石头自然形成瀑布一泻千里之势，所以取名为冠瀑石。

图片 2-19　冠瀑石

图片 2-20 秦起烈士铜像

（6）当瞻仰"秦起烈士铜像"时，告诉幼儿他是无锡工人运动先驱者，启发幼儿模仿他的英姿，感受他创办工人夜校、领导罢工的壮举；当观看刻有鲜红党徽的石刻时，告诉幼儿这里是中国共产党无锡第一个支部诞生地；当观看升旗台时，告诉幼儿这里是新中国无锡第一面国旗升旗处，使幼儿知道公花园还是一个充满英雄色彩的地方；当观看多寿楼时，鼓励幼儿寻找楼匾"多寿楼"、门匾"第一支部"，使幼儿知道这幢楼是革命遗迹最厚重的历史建筑之一。

（7）当观看小水池上的一块大石碑时，启发幼儿数数碑上刻了几个大字（6个），说说这6个大字是什么颜色（绿色），教幼儿认读这6个大字（华夏第一公园）；鼓励幼儿想想公花园为什么又叫"华夏第一公园"，使幼儿知道因为它不但是无锡历史最悠久的免费公园，而且还是我国第一个公园，所以又号称华夏第一公园；启发幼儿说说这块大石头看上去像什么动物（大象），告诉幼儿因为大象的"象"字与吉祥的"祥"字谐音，所以大象经常表示吉祥如意，使幼儿知道把形似大象的石碑放在这里寓意是祝福每位游客幸福快乐。

图片 2-21 华夏第一公园

4. 参观无锡图书馆。教师、家长先打开无锡图书馆官网(http://www.wxlib.cn/),点击"服务指南",查看"开馆时间"(9:00—17:30)、"交通指南"(无锡市梁溪区钟书路1号,地铁1号线等均可到达)、"入馆须知""办证指南"等多种信息,后带领幼儿去参观无锡图书馆;引导幼儿观看无锡市图书馆模型,使幼儿知道模型就是根据实物的形状和结构按比例制成的物体;指导幼儿观赏雕塑《希望》,使幼儿感受到这个小女孩求生求学的迫切心情;引领幼儿走进少年儿童活动室,使幼儿体会到在这里阅读图书的别样快乐。

图片 2-22　无锡图书馆

5. 参观无锡博物院。教师、家长先打开无锡博物院官网(http://www.wxmuseum.com/),查看"参观服务"(无锡博物院文史展览、科技展常年免费向公众开放)、"开放时间"(每周二至周日 9:00—17:00)、"交通线路"(地铁1号线"清名桥站"等)、"展览"(文史展览、书画展览、科技展览)、"典藏"(紫玉金砂、泥塑雅韵)等信息,后带领幼儿去无锡博物院观展;当来到"吴风锡韵"展厅时,先指导幼儿观看展墙、展台和展品,轻声地给幼儿讲讲李绅与惠山寺的故事(李绅童年时代来到惠山寺读书,目睹农民终日劳作而不得温饱,以同情心和愤慨的心情,写出了千古传诵的《悯农》诗"锄禾日当午,汗滴禾下土。谁知盘中餐,粒粒皆辛苦",告诫我们要珍惜粮食)、陆羽与二泉的故事(陆羽喜欢喝茶,写下了世界第一本茶叶专著《茶经》,被尊为"茶圣",他品评天下泉水20多种,把锡惠公园里的泉水定为天下第二)、苏东坡与二泉的故事(苏东坡喜欢到无锡来登惠山,品二泉,写下了一首赞美二泉水的诗"踏遍江南南

图片 2-23 无锡博物院

岸山,逢山未免更留连。独携天上小团月,来试人间第二泉。……");鼓励幼儿当个小导游,主动寻找阿炳雕像,讲讲阿炳的故事(无锡人,我国杰出的民间音乐家,创作了《二泉映月》等许多世界名曲)。

6. 参观中国民族音乐博物馆。教师、家长先查找有关中国民族音乐博物馆的信息(位于无锡市运河公园内 C 区 11 号,星期二至星期日上午 9:00—11:30、下午 13:00—16:00 免费开放,公交车 81 路等均可到达),后带领幼儿去中国民族音乐博物馆参观;当来到"民乐先驱"展厅时,引导幼儿观看展区里的阿炳拉二胡的场景雕塑、展

图片 2-24 中国民族音乐博物馆

窗里的《二泉映月》曲谱、展柜里的阿炳使用过的乐器[1950年阿炳录制《二泉映月》等3首二胡曲时所用的乐器(仿制品)、录制《大浪淘沙》等3首琵琶曲时所用的乐器、阿炳常演奏用的火神殿小三弦]、展墙上的"阿炳故居"图片,给幼儿讲读展板上的"阿炳"简介(阿炳的《二泉映月》在1992年入选"20世纪华人音乐经典",2007年随我国自主研制的首个月球探测器"嫦娥一号"登入太空),使幼儿知道阿炳对我国民族音乐事业的发展所做出的贡献,感受到无锡无愧为中国的"民乐之乡"。

7. 游览锡惠公园。教师、家长先上网查看锡惠公园的信息(无锡市西郊,地铁4号线等均可到达),后带领幼儿到锡惠公园去游玩。当来到阿炳墓旁时,指导幼儿观看"民间音乐家华彦钧阿炳之墓"及墓前的阿炳雕像,给幼儿讲读"华彦钧墓"碑文,使幼儿知道华彦钧就是阿炳,我国的民间音乐家,世界名曲《二泉映月》的作者。当来到"天下第二泉"景点时,引导幼儿观察大泉池及池壁上雕刻的"石龙头",使幼儿知道上方的泉水通过龙头注入这座水池里,终年不断;指导幼儿观看泉亭及亭内墙壁上的"天下第二泉"5个大字,使幼儿知道这是古代著名书法家赵孟頫为惠山泉题写的;提醒幼儿观瞻陆子祠及漆画"陆羽品茶图",鼓励幼儿讲讲"天下第二泉"美名的来历(陆羽是中国古代品茶专家,曾到无锡拜访朋友,住在惠山寺,很喜欢惠山的景色和泉水;他把天下名泉分为二十等,甘甜的惠山泉名列第二,从此"天下第二泉"的美名远扬);启发幼儿驻足聆听悠扬的二胡乐曲《二泉映月》,使幼儿知道这首千古名曲就是阿炳常游惠山泉创作出来的,明快的节奏、动人的旋律,反映了阿炳热爱故乡山水的深情。

第三章　教师、家长带领幼儿游逛浙江省杭州市西湖文化广场活动方案

一、游逛西湖文化广场活动的目标

1. 教师、家长帮助幼儿了解西湖文化广场上的一些著名景点（如浙江省科技馆、浙江自然博物馆、环球中心、浙江省博物馆武林馆区、京杭大运河、《钱塘风华》浮雕墙），使幼儿能感受到这里是观光、休闲、娱乐的好地方。

2. 教师、家长促使幼儿知道西湖文化广场反映了杭州特有的西湖文化、运河文化和古塔文化，使幼儿为杭州感到骄傲和自豪。

二、游逛西湖文化广场活动的准备

1. 教师、家长了解西湖文化广场的地址（拱墅区中山北路487号）、开放时间（全年、全天免费开放）、交通线路（地铁1号线、公交19路等均可到达）。

2. 教师、家长了解西湖文化广场的主要景点，做好游玩活动的系列计划（如第一次去是带幼儿走马观花看看广场上的几个重要景点，第二次去是带幼儿参观浙江省科技馆，第三次去是带幼儿参观浙江自然博物馆，第四次去是带幼儿参观浙江省博物馆武林馆区）。

3. 教师、家长和幼儿一起准备游览活动所需要的帽子、点心、饮用水、餐巾纸以及小画板与画笔、小相机等物品。

三、游逛西湖文化广场活动的过程

（一）来到西湖文化广场

教师、家长带领幼儿来到西湖文化广场门口。

1. 鼓励幼儿说说看到了什么（如大广场、许多鲜花、高楼大厦），有什么感受（如好美、好大、好气派）；启发幼儿夸夸广场的宽阔、美丽。

第三章 教师、家长带领幼儿游逛浙江省杭州市西湖文化广场活动方案

图片 3-1 西湖文化广场门口

2. 引导幼儿寻找"西湖文化广场"这 6 个大字,并教幼儿认读。

（二）学看西湖文化广场示意图

教师、家长带领幼儿来到"西湖文化广场示意图"展板前。

1. 启发幼儿寻找左上方的"西湖文化广场"这 6 个字,给幼儿讲读下面的"简介",使幼儿知道西湖文化广场位于世界文化遗产——京杭大运河畔；鼓励幼儿猜猜左下角的这个图形表示什么意思（如摩天大楼、环球中心）。

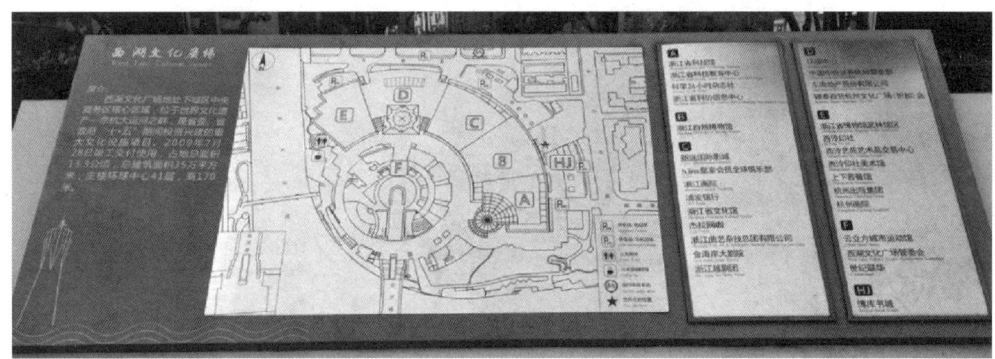

图片 3-2 西湖文化广场示意图

2. 引导幼儿寻找"西湖文化广场示意图"上的"五角星",鼓励幼儿猜猜它表示什么意思(我们所在的位置),告诉幼儿东边的马路是"中山北路"。

3. 指导幼儿寻找字母"A",告诉幼儿这里是"浙江省科技馆";引导幼儿寻找字母"B",告诉幼儿这里是"浙江自然博物馆";启发幼儿寻找字母"C",告诉幼儿这里是"浙江省文化馆";鼓励幼儿寻找字母"D",告诉幼儿这里是"环球中心";启发幼儿寻找字母"E",告诉幼儿这里是"浙江省博物馆武林馆区",西边的河流是"京杭大运河",南面有两座"运河桥"。

4. 告诉幼儿西湖文化广场主要包括A、B、C、D、E这五个建筑群、中心广场地下城、中心广场地面景观、步行景观桥等四大部分。

5. 引领幼儿走进西湖文化广场,和幼儿一起边走边看,并夸夸周围的美景。

(三)观看浙江省科技馆

教师、家长带领幼儿来到位于广场右侧的浙江省科技馆大楼前。

1. 引导幼儿观察大楼的建筑造型,说说它有什么特征(如有个巨大的圆球,是球形建筑);启发幼儿仰头寻找馆名(在大门上方),数数它由几个字组成(6个);教幼儿学认这6个大字。

图片3-3 浙江省科技馆

2. 指导幼儿观看门口大屏幕上滚动的红字"浙江省科技馆欢迎您",启发幼儿数数它有几个红色大字(9个),并教幼儿认读。

3. 引导幼儿观看"入口"和"出口",鼓励幼儿说说它们各表示什么意思("入口"

是进入的地方,"出口"是出来的地方)。

4. 指导幼儿观看墙壁上的公告牌,使幼儿知道"开放时间"是周三至周日的9:00—16:30。

5. 鼓励幼儿猜猜这个科技馆里会藏着哪些宝物;告诉幼儿以后会带他们进馆游玩,观看机器人表演,玩无线电遥控玩具等。

(四)观看浙江自然博物馆

教师、家长带领幼儿来到位于科技馆左边的浙江自然博物馆大楼前。

1. 启发幼儿抬头向上寻找馆名(在大门的左上方),数数它有几个大字(7个);教幼儿学读这7个大字。

图片 3-4　浙江自然博物馆

2. 引导幼儿观看门口滚动屏上的红色大字"浙江自然博物馆欢迎您",鼓励幼儿数数它有几个字(10个)。

3. 指导幼儿学看张贴在墙上的公告牌,使幼儿知道这个自然博物馆的开放时间是周二至周日,入场时间是9:30—16:00,闭馆时间是17:00,周一休馆。

4. 鼓励幼儿猜猜在这个自然博物馆里能看到哪些宝贝,告诉幼儿以后带他们来看大恐龙、蝴蝶等动植物标本以及化石、岩石、自然艺术等方面的多种珍品。

（五）仰望环球中心

教师、家长带领幼儿来到位于浙江自然博物馆左边的环球中心大楼前。

1. 引导幼儿仰望这座高楼大厦，感受它的高大雄伟；鼓励幼儿回想这座大楼叫什么名字（环球中心）。

2. 指导幼儿寻找"环球中心"这4个大字（在中门上方），并教幼儿认读。

3. 鼓励幼儿猜猜这幢大楼有多高（170米）、有多少层（41层）；告诉幼儿这是西湖文化广场的主塔楼，在这座标志性建筑里的1—5层是购物中心、6—41层是写字楼。

4. 启发幼儿说说这座高楼看上去像什么（如像"小蛮腰"、窈窕淑女），鼓励幼儿夸夸它的外形特点（如挺拔美丽、高耸直立、亭亭玉立、美轮美奂）；使幼儿知道这座大楼的整体风格采用渐收与发散的几何体外形设计，形成旋转而相贯的块面结合，展示了一种富有现代韵味的升腾开放意境。

图片3-5　环球中心

（六）观看浙江省博物馆武林馆区

教师、家长带领幼儿来到位于环球中心左边的浙江省博物馆武林馆区大楼前。

1. 引导幼儿仰望高楼，寻找馆名（在大门上方），数数它有几个大字（10个）；教幼儿认读这10个大字。

2. 指导幼儿寻找浙江省博物馆的门牌号码（西湖文化广场29号），并教幼儿认读；鼓励幼儿寻找"入口"和"出口"。

3. 启发幼儿观看玻璃门上的"浙江省博物馆"馆名及馆标，引导幼儿观赏"千载清风""钱江潮""越地长歌""非凡心声""意匠生辉""十里红妆"等图文并茂的条幅。

4. 指导幼儿认识公告牌上的开放时间是周二至周日，入馆时间是9:00—16:30，闭馆时间是17:00，周一闭馆。

图片 3-6　浙江省博物馆武林馆区

5. 鼓励幼儿猜猜在这座博物馆里会珍藏着哪些宝贝，告诉幼儿以后带他们进馆去看看这些宝贝。

（七）来到西湖文化广场中央

教师和家长带领幼儿来到西湖文化广场中央。

1. 引导幼儿观赏环绕着广场的建筑楼群，鼓励幼儿说说这个广场看上去像什么（如像半个圆形、弯弯的月亮）。

图片 3-7　西湖文化广场建筑楼群

2. 启发幼儿从左往右讲讲刚才走过路过看到了哪些场馆(如浙江省博物馆武林馆区、环球中心、浙江自然博物馆、浙江省科技馆)。

(八)观看京杭大运河

教师、家长带领幼儿来到西湖文化广场南边的运河旁。

1. 鼓励幼儿想想这条河流的名称,告诉幼儿这就是鼎鼎有名的"京杭大运河";启发幼儿想想"京杭大运河"中的"京"表示什么意思(北京)、"杭"表示什么意思(杭州),猜猜它为什么叫"京杭大运河"(因为它北起北京,南到杭州)。

图片 3-8 千年古运河

2. 指导幼儿观看"运河桥",教幼儿认读桥栏上的"风情夜杭州"这 5 个黄色大字;引导幼儿观看另一边的桥栏,教幼儿认读上面的"千年古运河"这 5 个黄色大字。

3. 引导幼儿看看桥墩下面来来往往的船只,鼓励幼儿说说它们有什么相同点和不同点。

4. 告诉幼儿京杭大运河是世界上开凿最早、里程最长、工程最大的运河,它对中国南北地区之间,特别是对沿线地区的经济、文化发展起到了极大的作用。

(九)观赏运河步行景观桥

教师、家长带领幼儿来到西湖文化广场南面的运河步行景观桥。

1. 告诉幼儿这是连接西湖广场和武林广场的重要桥梁,鼓励幼儿猜猜桥身的长度(130 米)和宽度(30 米)。

图片 3-9　金河古韵

2. 指导幼儿观看铺在桥面中间的青铜浮雕《金河古韵》，和幼儿一起边漫步，边欣赏浮雕上的桥梁、船只、湖泊、河流、道路、房屋、花草、树木、山峦等图案；给幼儿讲读浮雕下面的"通惠河""北运河""南运河""鲁运河""中运河""里运河""江南运河"等文字的含义。

3. 启发幼儿猜猜这幅美妙的青铜浮雕有多长（80 米）、多宽（6 米），告诉幼儿这幅长卷浮雕描绘了古代运河从北京到杭州的沿途风情文化和繁荣景象。

（十）观赏运河边浮雕墙

教师、家长带领幼儿来到西湖广场东侧运河边上气势磅礴的《钱塘风华》浮雕墙前。

1. 引导幼儿观看长 70 米、宽 1.5 米、高 4 米由花岗岩和铸铜构成的大型雕塑，鼓励幼儿说说它看上去像什么（如像流水、彩虹、巨龙），告诉幼儿它表示吉祥如意。

2. 给幼儿讲读浮雕旁展板上的简介，使幼儿知道钱塘是杭城古名，人间天堂，自古英才辈出。

3. 引导幼儿沿着浮雕墙，边漫步、边观赏、边讲述墙上雕刻了什么图案（如竹子、仙鹤、松树、荷花、伟人）；告诉幼儿在这座翻转的墙体表面雕刻着与杭州历史文化有关的大事和名人（如白居易、苏东坡、岳飞、秋瑾）。

4. 教幼儿学认浮雕墙上的"最忆是杭州"这 5 个大字，鼓励幼儿猜猜这句话是什么意思（最让人容易想起的就是杭州）；打开手机微视频，和幼儿一起欣赏中国古代著名诗人白居易的名篇《忆江南·其二》(江南忆,最忆是杭州。山寺月中寻桂子,郡亭枕上看潮头。何日更重游?),给幼儿讲解这首古诗的大意,告诉幼儿以后会带他们去西湖边观看《惜别白公群雕》等。

5. 指导幼儿观看浮雕墙上的"苏堤春晓"图案,并教幼儿认读这4个大字;启发幼儿猜猜站在旁边的老爷爷是谁(苏东坡),鼓励幼儿模仿苏东坡的站姿(双手放在身后,昂首挺胸,看着左前方),告诉幼儿苏堤是古代大诗人苏东坡任杭州"市长"时,疏浚西湖,利用挖出的葑泥构筑而成的,后来人们为了纪念苏爷爷治理西湖的功绩就把它命名为苏堤;鼓励幼儿猜猜"苏堤春晓"是什么意思(寒冬过后,苏堤报春的美妙景色);教幼儿学读浮雕墙上的诗句"欲把西湖比西子,淡妆浓抹总相宜",并为幼儿讲解这句诗的大意(如果把西湖比作美女西施,那么晴天的西湖就像浓妆的西施,雨天的西湖就像淡妆的西施,都是特别美丽的),使幼儿知道这是苏爷爷赞美西湖美景的名句;打开手机微视频,和幼儿一起欣赏苏东坡的名作《饮湖上初晴后雨·其二》(水光潋滟晴方好,山色空蒙雨亦奇。欲把西湖比西子,淡妆浓抹总相宜),告诉幼儿以后会带他们去西湖观赏"苏堤春晓"的美景。

图片3-10 苏堤春晓

四、游逛西湖文化广场活动的延伸

1. 搭建西湖文化广场。教师、家长给幼儿提供多种环保材料,鼓励幼儿玩建造西湖文化广场的游戏,以增强幼儿对西湖文化和运河文化的认识。

2. 参观浙江省科技馆。教师、家长先浏览浙江省科技馆官网(http://www.

zjstm.org/），后带领幼儿走进浙江省科技馆；引导幼儿观看"宇宙遨游""地球探秘""海底巡礼""机器人技术""少儿科技园"等展览，鼓励幼儿与多种展品互动，以培养幼儿热爱科学的精神，强化幼儿探索科学的行为。

3. 参观浙江自然博物馆。教师、家长先查阅浙江自然博物馆官网（http://www.zmnh.com:8443/），后带领幼儿走进浙江自然博物馆；指导幼儿观看"地球生命故事陈列""丰富奇异的生物世界陈列""绿色浙江陈列"等展览，以增强幼儿对浙江省动植物的了解，强化幼儿对动植物的兴趣。

4. 参观浙江省博物馆武林馆区。教师、家长先查看浙江省博物馆武林馆区官网（https://www.zhejiangmuseum.com/Exhibition/BaseExhibition?type=WuLin），后带领幼儿走进武林馆；引导幼儿观看《越地长歌——浙江历史文化陈列》《钱江潮——浙江现代革命历史陈列》《非凡的心声——世界非物质文化遗产中的中国古琴》《意匠生辉——浙江民间造型艺术》《十里红妆——宁绍婚俗中的红妆家具》等展览，指导幼儿与镇馆之宝《京杭道里图》亲密接触，以加深幼儿对大运河的了解与热爱。

5. 参观浙江省博物馆孤山馆区。教师、家长先查阅浙江省博物馆孤山馆区官网（https://www.zhejiangmuseum.com/Exhibition/BaseExhibition?type=GuShan），后带领幼儿走进孤山馆；指导幼儿观看《昆山片玉——中国古代陶瓷陈列》《瑞象重明——雷峰塔文物陈列》《漆器艺术馆》《黄宾虹艺术馆》《常书鸿美术馆》等展览，以拓宽幼儿对浙江省博物馆的认识，丰富幼儿对浙江的陶瓷与漆器、历史与艺术的感性知识。

图片3-11　浙江省博物馆孤山馆区

6. 观赏西湖美景。教师、家长带领幼儿去西湖游玩,和幼儿一起逛逛孤山上的中山公园、放鹤亭、慕才亭;指导幼儿观看西湖的多种动物(如野鸭、翠鸟、锦鲤鱼)、植物(如桃花、荷花、桂花、梅花);引导幼儿观赏西湖的苏堤春晓、断桥残雪、平湖秋月、雷峰夕照、南屏晚钟、曲院风荷、花港观鱼、柳浪闻莺、三潭印月、双峰插云等景点,使幼儿能体验到西湖的三怪(孤山不孤、断桥不断、长桥不长);指导幼儿眺望西湖南边的雷峰塔与北边的保俶塔,说说这两座塔看上去各像什么(如雷峰塔像老人,保俶塔像少女),使幼儿能感受到"一湖映双塔"的奇妙。

图片 3-12 雷峰塔

图片 3-13 保俶塔

7. 游逛武林广场。教师、家长带领幼儿来到位于西湖北侧的武林广场,告诉幼儿因为这个广场地处武林门地段内,所以叫武林广场。首先,指导幼儿观赏广场上的八少女雕塑音乐喷泉,数数中间跳红绸舞的少女有几位(3位),外面演奏不同乐器的少女有几位(5位),说说喷泉池像什么形状(像梅花);告诉幼儿这个喷泉是为了纪念杭州解放而建造的,使幼儿知道喷泉的寓意(因为杭州是在1949年5月3日解放的,所以喷泉外面"花瓣"上拿着乐器的5名美女表示5月,中间"花蕊"上拿着绸带的3名美女表示3日);打开手机微视频,和幼儿一起欣赏"武林广场音乐喷泉夜景",聆听悦耳的民族乐曲,感受群雕的生动形象、载歌载舞的欢快氛围。其次,引导幼儿在过街地道里的"钢琴楼梯"上走一走,看看台阶上的音符,听听钢琴的旋律。最后,指导幼儿看看浙江展览馆这个标志性的建筑。

8. 游逛运河文化广场。教师、家长带领幼儿来到位于拱墅区金华路2号的运河文化广场。首先,指导幼儿参观位于运河文化广场1号的京杭大运河博物馆,引导幼儿观看"地球上的运河、中国大运河""运河的开凿与变迁""大运河的功用""大运河浙江段专题陈列馆""运河文化"等展厅的图片、实物和模型,使幼儿能了解大运河丰富的自然人文景观,感知大运河在中华民族发展历史中的重要作用。其次,引导幼儿观看横跨在运河上的古老的拱宸桥,说说它看上去像什么(像驼峰、拱形),数数它有几个桥洞(3个),讲讲这3个桥洞是否一样大(不一样大,中间的孔大,两边的孔小),猜猜这座桥有多长(98米)、多高(16米),说说它是什么材料建造的(石头),告诉幼儿这是杭城古桥中最高最长的石拱桥,东西向横跨大运河,是杭州古运河终点的标志;引导幼儿观看桥墩两旁的雕塑,说说雕刻的是什么动物(趴蝮,传说中的龙的九子之一),数数有几只趴蝮(4只),想想它们有什么用处(守桥之神);鼓励幼儿猜猜拱宸桥名字的由来,给幼儿讲讲有趣的传说(在古代,"宸"是指帝王住的地方,"拱"是抱拳、拱手,两手在胸前相合表示恭敬;当帝王南巡时,这座高高的拱形石桥,就表示对帝王的欢迎和敬意),引导幼儿做拱手的动作,告诉幼儿拱宸桥是国家重点文物保护单位,和幼儿一起竖起大拇指为拱宸桥点个赞。最后,引导幼儿观看桥西历史文化街区的手工艺活态展示馆、中国扇博物馆、中国伞博物馆、中国刀剪剑博物馆、中国杭州工艺美术博物馆等,使幼儿能全方位地感受运河文化的魅力。

第四章　教师、家长带领幼儿游逛江西省南昌市八一广场活动方案

一、游逛八一广场活动的目标

1. 教师、家长促使幼儿知道八一广场是南昌市的一大景点，是南昌市的心脏地带，是江西省最大的城市中心广场，是政治、经济、文化、娱乐、休闲等活动的重要场所。

2. 教师、家长助力幼儿了解八一广场上的一些著名景点（如军史步道、军史浮雕、升旗台、金水桥、八一南昌起义纪念塔、红色文化浮雕墙），使幼儿意识到八一广场的重要地位，为"英雄城"而感到骄傲和自豪。

3. 教师、家长帮助幼儿认识到每年的8月1日是中国人民解放军建军纪念日，丰富幼儿对解放军的认识，增强幼儿对解放军的热爱。

二、游逛八一广场活动的准备

1. 教师、家长了解八一广场的地理位置（南昌市东湖区八一大道）、交通路线（地铁1号线、公交车3路等均可到达）、开放时间（全年、全天开放）、门票价格（免费）。

2. 教师、家长和幼儿一起观看中国人民解放军军旗；告诉幼儿在红色的军旗上，缀着金黄色的五角星和"八一"这两个字，表示中国人民解放军自1927年8月1日南昌起义以来，经过艰苦卓绝的长期斗争，终于在党的领导下取得了中国革命的伟大胜利。

3. 教师、家长和幼儿一起观看中国人民解放军军徽；使幼儿知道在镶有金黄色边的五角红星里面，又嵌了金黄色的"八一"这两个字；告诉幼儿"红星"象征中国人民获得解放，"八一"表示1927年8月1日中国共产党人发动南昌起义，中国人民解放军从此诞生。

4. 教师、家长告诉幼儿中国人民解放军的军旗和军徽都带有五角星和"八一"字样，它们表示中国共产党领导的中国人民解放军诞生于1927年8月1日的南昌起

义;"八一"军旗是中国人民解放军的象征;"八一"军徽是中国人民解放军的重要标识徽记,也是解放军帽徽及军种符号的核心图案。

5. 教师、家长和幼儿一起观看汉阳造步枪;告诉幼儿它是湖北省武汉市汉阳兵工厂生产的枪支,曾经是中国军队的主力枪械,在战场上起过重要的作用,是中国战争史上一个传奇的神话。

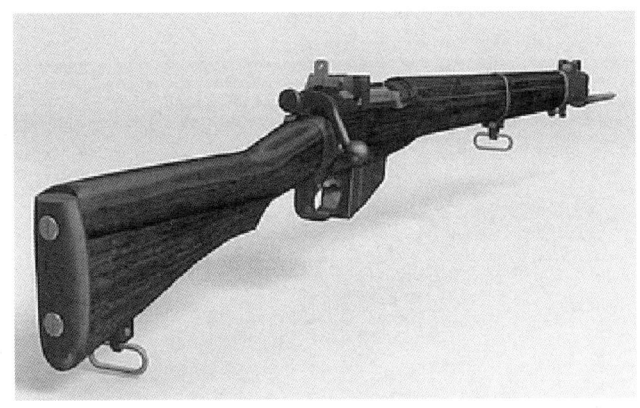

图片 4-1　汉阳造步枪

6. 教师、家长和幼儿一起倾听、吟唱《中国人民解放军军歌》(向前!向前!向前!我们的队伍向太阳,脚踏着祖国的大地,背负着民族的希望,我们是一支不可战胜的力量。我们是工农的子弟,我们是人民的武装,从无畏惧,绝不屈服,英勇战斗,直到把反动派消灭干净,毛泽东的旗帜高高飘扬。听!风在呼啸军号响。听!革命歌声多嘹亮。同志们整齐步伐奔向解放的战场,同志们整齐步伐奔赴祖国的边疆。向前!向前!我们的队伍向太阳,向最后的胜利,向全国的解放!)。

7. 教师、家长和幼儿一起制作小军帽、玩具枪,鼓励幼儿游逛八一广场时戴上、背上它们。

8. 教师、家长在手机上下载观看视频微电影《军旗升起的地方》、"八一广场夜晚音乐喷泉"美景。

三、游逛八一广场活动的过程

(一) 观看八一广场石碑

教师、家长带领幼儿来到八一广场。

1. 引导幼儿寻找、数数广场绿化带上的五角星。

2. 指导幼儿观看八一广场石碑,找找上面的五角星、军徽;给幼儿讲读碑文(八一广场规划主题是"追忆历史 共建未来"。追忆历史不仅是对当时国民党违背孙中山先生提倡的三民主义思想,大量屠杀共产党员的历史追忆,更是对当时严峻革命形势下继续革命贯穿在广场里。共建未来是设计理念的升华,八一南昌起义敢于斗争的精神,不但在革命战争年代,而且在和平建设时期,都是鼓舞与激励党和人民群众为建设中国特色社会主义伟大事业的强大精神力量)。

图片 4-2 八一广场石碑

图片 4-3 八一广场路牌

(二)学看八一广场路牌

教师、家长引领幼儿走进八一广场,指导幼儿学看路牌。

1. 启发幼儿找找路牌上的军徽(在路牌的顶端),说说军徽有什么特点(在红色的五角星里,藏着"八一"这2个黄颜色的数字)。

2. 告诉幼儿如果想去观看"国旗台""军史步道""军史浮雕""音乐喷泉""纪念塔"这几个重要景点,那就要按照箭头所指示的方向"→"朝右边行走。

(三)观看八一广场军史步道

教师、家长带领幼儿来到八一广场上的

军史步道旁。

1. 告诉幼儿这个步行道是由透明玻璃构成的，长49米，宽4.9米。

图片 4-4　军史步道

2. 引导幼儿边走边看步道下面的精美镌刻；告诉幼儿这上面刻着的是"中国人民解放军历史大事记节选"，展示了解放军的成长史。

3. 和幼儿一起在手机上观看微电影《军旗升起的地方》（影片以动画故事爷爷带着萌萌迎接中国海军163号导弹驱逐舰即南昌舰退役回到家乡南昌为引子，讲述了从南昌起义、井冈山会师、万里长征、会师陕甘、抗日战争、解放全中国、保家卫国，到建设家园、强国强军的伟大历程，最后以南昌舰停泊在赣江边，热烈庆祝中国人民解放军成立90周年为结尾），使幼儿知道这部电影表现了人民军队不屈不挠、英勇奉献的光辉形象；告诉幼儿以后晚上会再带他们来这里现场观看。

（四）观瞻八一广场国旗台

教师、家长带领幼儿来到八一广场上的国旗台旁。

1. 指导幼儿仰望红旗，告诉幼儿国旗台是举行解放军陆、海、空三军授旗仪式和升国旗仪式的地方。

2. 教幼儿学认国旗台北侧的题词"军旗升起的地方"，启发幼儿数数有几个字（7

个);告诉幼儿这 7 个大字是江泽民的题词,表明了南昌在中国革命中的特殊历史地位。

3. 引领幼儿走到国旗台的南侧,教幼儿学读台基上的题词"星星之火,可以燎原",鼓励幼儿数数有几个字(8 个);告诉幼儿这 8 个大字是毛泽东的手书,反映了井冈山道路对于中国革命胜利的意义。

图片 4-5　国旗台北侧　　　　　　图片 4-6　国旗台南侧

(五) 观望八一广场军史浮雕

教师、家长带领幼儿来到八一广场中心大型军史浮雕前。

1. 启发幼儿数数在这个围合式广场四周共有几块浮雕(8 块)。

2. 引导幼儿分别观看这 8 块浮雕(南昌起义、秋收起义、井冈山斗争、红都瑞金、万里长征、敌后抗日、解放战争、钢铁长城),告诉幼儿它们刻画的都是中国人民解放军的英武故事。

3. 给幼儿重点讲读浮雕"八一起义"的展板简介(1927年8月1日,中国共产党在南昌起义,打响了武装反抗国民党反动派的第一枪,标志着中国共产党独立地创造革命军队和领导革命战争的开始。8月1日凌晨2时,由周恩来、贺龙、叶挺、朱德、刘伯承率领的起义部队按照预定的部署,向敌第五方面军总指挥部、南昌司令部等处的守敌发起猛烈进攻。经过4个多小时的激烈战斗,歼灭南昌守敌3000多人,起义部队占领南昌城。起义胜利后,成立了革命委员会,公布了《八一起义宣言》《八一起义宣传大纲》。8月2日,南昌各界群众数万人在公共体育场举行集会,庆祝南昌起义的胜利和革命委员会的成立。在南昌起义前后短短的几天中,南昌人民和起义部队结成了亲密的鱼水关系。南昌起义,它用血与火的语言,宣告了中国共产党人不畏强暴、坚持革命的坚强决心。它在全党和全国人民面前树起了一面革命武装斗争的旗帜。它是春雷,报道革命的严冬即将过去,春天就要来临;它是旗帜,在大革命失败的形势下,给共产党人和革命人民指明了武装斗争的方向)。

图片4-7 八一起义浮雕

4. 鼓励幼儿模仿自己仰慕的浮雕上英雄人物的造型,告诉幼儿8月1日成为后来的中国人民解放军的建军节,和幼儿一起向八一南昌起义的英雄们致敬。

5. 告诉幼儿这8块"军史浮雕"曾经获得"新中国城市雕塑建设成就奖",和幼儿一起竖起大拇指为这些英雄们点赞。

(六) 观赏江西山水浮雕

教师、家长带领幼儿来到八一广场中心的外围，引导幼儿观赏各块浮雕。

1. 启发幼儿说说浮雕上刻画了什么(如许多美丽的图案，楼阁、高山、怪石、湖泊)。
2. 指导幼儿认读浮雕下面的文字(滕王阁·梅岭、井冈山、庐山、三清山、三百山、龙虎山、仙女湖、龟峰)。

图片 4-8　滕王阁·梅岭

3. 鼓励幼儿数数共有几块浮雕(8块)，告诉幼儿这些山水浮雕代表江西现有的8个国家级风景名胜区，以后会带他们去观看滕王阁等景点。

(七) 游览八一广场金水桥

教师、家长带领幼儿来到八一广场的金水河旁。

图片 4-9　金水桥

1. 鼓励幼儿数数在水面上架了几座桥(2座),猜猜它们叫什么名字(金水桥)。

2. 引导幼儿走上金水桥,夸夸金水桥(如造型别致、独特、秀丽,桥栏柱上刻有许多五角星)。

3. 指导幼儿看看金水桥两旁河床上多种造型的喷头,告诉幼儿这里是音乐喷泉。

4. 和幼儿一起在手机上观赏八一广场夜晚音乐喷泉,边看高低起伏的喷泉,边听《中国人民解放军军歌》等歌曲,感受水舞歌飞、色彩斑斓的视听景观;告诉幼儿以后晚上会再带他们来观看美妙的音乐喷泉。

(八) 瞻仰八一南昌起义纪念塔

教师、家长带领幼儿走过金水桥,来到广场上的八一南昌起义纪念塔前。

图片 4-10 纪念塔正北面

1. 引导幼儿瞻仰纪念塔,说说它是什么形状(长方体),猜猜它有多高(45.5米);告诉幼儿纪念塔是八一广场中的标志性建筑,它是由台基、塔座、塔身、塔顶4个部分组成的。

2. 指导幼儿围着纪念塔慢慢地走一圈,边走边看塔座正北面上镌刻的"八一南昌起义简介"碑文以及其他三面的大型浮雕(宣布起义、攻打敌营、欢呼胜利);告诉幼儿这些浮雕刻画了武装起义的英雄们,鼓励幼儿模仿自己崇拜的英雄的造型。

3. 教幼儿认读塔身正北面的题词"八一南昌起义纪念塔",启发幼儿数数有几个字(9个),说说它们是什么颜色(金色);告诉幼儿这9个鎏金大字是叶剑英元帅题写的;引导幼儿观看题词上面的军徽、题词下面的数字"1927·8·1",鼓励幼儿想想这组数字表示什么意思(1927年8月1日);告诉幼儿在这一天,震惊中外的"八一南昌起义"爆发了,南昌由此壮举成为"军旗升起的地方",从此以"英雄城"驰名天下。

4. 引领幼儿来到纪念塔的东面,仰望塔顶,引导幼儿说说看到了什么(步枪、八一军旗);告诉幼儿这个塔顶是由一支直立的巨型"汉阳造"步枪和一面"八一军旗"组成的,使幼儿感受到纪念塔的庄严、肃穆,涌起仰慕之情。

图片 4-11　纪念塔东面

(九) 观看八一广场宣传栏

教师、家长带领幼儿来到八一广场上的宣传栏前。

1. 引导幼儿观看"八一广场景观亮点介绍"里的图片,鼓励幼儿说说刚才看到过哪些景点(如纪念塔、金水桥、军史浮雕、军史步道),还有什么景点没有看到过(如红色文化浮雕墙);告诉幼儿马上带他们去看红色文化浮雕墙。

图片 4-12 八一广场景观亮点介绍

2. 给幼儿讲读"八一广场简介",指导幼儿观看以前的八一广场和现在的八一广场的图片,使幼儿感受到八一广场变得越来越美好。

图片 4-13 八一广场简介

（十）观瞻红色文化岩砂浮雕墙

教师、家长带领幼儿来到八一广场最南端的红色文化岩砂浮雕墙前。

1. 引导幼儿边走边看18幅浮雕图画，使幼儿感受浓厚的红色文化氛围。

2. 教幼儿认读每幅浮雕图画上方的名称（如"南昌八一起义纪念馆""江西革命烈士纪念堂""井冈山会师纪念馆""瑞金红色故都"），使幼儿知道这些浮雕都是具有历史代表性的江西红色建筑图案；告诉幼儿以后会带他们去参观南昌八一起义纪念馆。

图片4-14　红色文化浮雕墙

四、游逛八一广场活动的延伸

1. 开展小小夜游客活动。教师鼓励家长利用晚上的时间，带领幼儿游逛八一广场，观看微电影《军旗升起的地方》，观赏声光音乐喷泉表演。

2. 开展小小讲解员活动。教师、家长引导幼儿讲讲游逛八一广场的所见所闻，强化幼儿对八一广场的印象。

3. 开展小小建筑师活动。教师、家长给幼儿提供多种建筑材料，启发幼儿搭建八一广场环境，正确摆放"纪念塔""金水桥""军史浮雕""升旗台""军史步道"等重要景点的位置。

4. 开展小小瞻仰者活动。教师、家长先打开南昌八一起义纪念馆官网(http://www.81-china.com/),查看地理位置(南昌市中山路380号)、开放时间(星期二至星期日,每天9:00—17:00,免费开放)等信息;后带领幼儿去观看展览和文物,帮助幼儿更好地理解南昌八一起义;使幼儿知道这是为纪念南昌起义而设立的专题纪念馆,是"中国军史第一馆"。

图片4-15 南昌八一起义纪念馆

5. 开展小小观光者活动。教师、家长带领幼儿去游览坐落在南昌市赣江之滨的滕王阁,感受古阁的风姿;指导幼儿观看"滕王阁"大匾,教幼儿学说《滕王阁序》中的佳句"落霞与孤鹜齐飞,秋水共长天一色",体验宁静致远的画面;告诉幼儿江西省南昌市的滕王阁与湖南省岳阳市的岳阳楼、湖北省武汉市的黄鹤楼被誉为"江南三大名楼",而滕王阁则是江南三大名楼中最高的楼阁。

图片4-16 滕王阁

6. 开展小小参观者活动。教师、家长先打开江西省博物馆官网(http://www.jxmuseum.cn/),查找馆址(南昌市红谷滩区赣江北大道698号)、开放时间(9:00—17:00,周二至周日,免费开放)、交通线路(地铁1号线、公交51路等均可到达)等信息;后带领幼儿去观看"红色摇篮——江西革命史陈列"等展览,使幼儿进一步感受到江西是一块光荣而神奇的红土地,红土地革命精神光照千秋。

图片4-17 江西省博物馆

7. 开展小小影视迷活动。教师、家长一边和幼儿在网上观看中国儿童红色电影《闪闪的红星》,一边给幼儿讲解在艰难困苦环境中成长起来的少年英雄潘冬子的故事,使幼儿知道要向小英雄学习,热爱祖国,努力学习,争做一名新时代的小英雄。

中 篇

上海市幼儿园优秀园长之作

第五章　教师、家长带领幼儿游逛上海市外滩陈毅广场活动方案①

一、游逛外滩陈毅广场活动的目标

1. 教师、家长引导幼儿充分感知外滩陈毅广场的雕像、建筑、景色等，初步理解广场的人文历史文化。

2. 教师、家长萌发幼儿热爱上海的情感，使幼儿为生活在上海这座国家历史文化名城而感到自豪。

二、游逛外滩陈毅广场活动的准备

1. 教师、家长了解外滩陈毅广场的地址（黄浦区中山东一路与南京东路交汇处东北）、交通（公交车24路等均可到达）、主要景点（陈毅塑像、东方明珠、人民英雄纪念碑、外滩历史纪念馆、外白渡桥、万国建筑群等）。

2. 教师、家长和幼儿一起收集关于外滩陈毅广场的图片和资料，讨论游逛广场的注意事项。

3. 教师、家长准备好相机和手机，提醒幼儿准备好记录纸和笔，以便游逛外滩陈毅广场时拍照、记录。

三、游逛外滩陈毅广场活动的过程

（一）仰望陈毅雕像

1. 教师、家长带领幼儿到达外滩陈毅广场，引导幼儿观察陈毅塑像；启发幼儿思

---

① 本章作者陈丽，上海市嘉定区清河路幼儿园书记、园长，中学高级教师，曾获上海市园丁奖等称号；本文为陈丽主持的嘉定区教育科研重点课题"创想教育理念下幼儿园课程的'多维度'实践研究（课题编号JA2129）"的研究成果之一。

教师、家长带领幼儿游逛广场活动方案

考这个人是谁,看看他的动作和神情,猜猜他在干什么,为什么要在这里摆放他的塑像。

2. 教师、家长和幼儿一起讨论后小结:这是新中国第一任上海市市长陈毅的塑像,再现了陈毅市长视察工作时的姿态;为了纪念他,上海人民在这里用青铜浇注了塑像,用红色磨光花岗石砌成底座;这座塑像总高度约为9米,这样这位人民爱戴的领导人才能看到上海日新月异的变化。

3. 教师、家长引导幼儿观看陈毅塑像旁边的红色介绍牌,告诉幼儿介绍牌上面的文字能让游客们更多地了解这位和蔼可亲的上海老市长。

图片5-1　陈丽园长在陈毅塑像前

(二)观看外滩指示牌

1. 教师、家长指导幼儿观察外滩指示牌,启发幼儿找一找自己现在在哪里,说一说想先往指示牌的哪个方向去游逛,根据幼儿意愿进行游逛广场活动。

2. 教师、家长启发幼儿讨论:游逛附近的景点时,需要注意哪些事项。

3. 教师、家长提示幼儿:游逛时要做到安全第一,遵守公共秩序,爱护环境。

(三)观赏陆家嘴景观

1. 教师、家长带领幼儿走上外滩观景平台,观赏黄浦江对岸的浦东陆家嘴景观;引导幼儿比比这些建筑的高矮,观察各个建筑的形状,记录建筑物的主要特点。

2. 教师、家长依据幼儿的提问和兴趣,向幼儿介绍:陆家嘴景观的建筑一幢更比

图片5-2　外滩指示牌

图片 5-3　陆家嘴景观

一幢高：尖尖屋顶的金茂大厦高 420.5 米，东方明珠广播电视塔高 468 米，屋顶上有个镂空方形的上海环球金融中心高 492 米；上海中心大厦高 632 米，是上海最高的大楼。

（四）瞻仰上海市人民英雄纪念塔

1. 教师、家长带领幼儿向北游逛，来到矗立着的上海市人民英雄纪念塔前，引导幼儿看一看、猜一猜、说一说：这三根拔地而起的柱子看上去像什么，像不像三把竖起来的机枪，为什么要把纪念塔造成这样的形状。

2. 教师、家长向幼儿介绍：1950 年庆祝上海解放一周年时，上海市人民政府为了永远追念为上海人民革命斗争而献出了宝贵生命的人民英雄们，决定兴建上海市人民英雄纪念塔；高达 60 米的三根黄花岗石塔体，寓意从鸦片战争、"五四"运动到解放战争以来，在上海为革命事业英

图片 5-4　上海市人民英雄纪念塔

勇斗争献出生命的英雄们永远被人们铭记在心里。

(五)参观外滩历史纪念馆

1. 教师、家长带领幼儿来到下沉式广场,观看墙壁上的石雕,引导幼儿想一想这些浮雕在讲述一个个什么样的英雄故事,并把自己的猜想记录下来。

图片 5-5　墙上石雕

2. 教师、家长带领幼儿进入外滩历史纪念馆参观,通过数码相框、投影、触摸屏等形式,了解外滩的百年变化过程,感知上海的发展历史。

图片 5-6　外滩历史纪念馆

（六）观看外白渡桥

1. 教师、家长带领幼儿来到外白渡桥，引导幼儿在人行道上走一走，看一看，猜一猜这座桥有多少岁了，说一说它是用什么材料建造的、有什么用途。

图片 5-7　外白渡桥

2. 教师、家长向幼儿介绍：外白渡桥已经有一百多岁了，它是中国第一座全钢结构铆接桥梁，是连接黄浦区与虹口区的过河通道；桥下的河水从苏州河汇入黄浦江口处。

3. 教师、家长提醒幼儿及时用拍照、绘画、简图等方式记录自己的发现和探索。

（七）欣赏万国建筑群

1. 教师、家长带领幼儿从外白渡桥往南游逛，指导幼儿观察、比较路边不同建筑的特点，聆听钟楼的声音，记录建筑物屋顶、窗户的形状，感受建筑多样化的美妙。

2. 教师、家长沿途向幼儿介绍：中山东一路矗立着的 52 幢风格不同的古典复兴大楼，是以前西方国家抢占外滩做租界时修建的一栋栋西式建筑，呈现出世界各国建筑共存的局面，所以叫万国建筑群；现在这些建筑有的用作银行，有的用作酒店，还有的用作商场；最有趣的钟楼是海关大楼，四周四个钟面，每逢正点就会发出洪亮浑厚的钟声，每隔 15 分钟就会奏响起悦耳的《东方红》乐曲。

图片 5-8　万国建筑群

（八）交流游逛广场感受

1. 教师、家长启发幼儿说一说：今天游逛了外滩陈毅广场，有什么感受。

2. 教师、家长和幼儿一起总结：上海市外滩陈毅广场是上海的一个重要景点。在广场的一边，有高楼耸立的浦东陆家嘴景观，它们是新上海的标志；还有上海市人民英雄纪念塔、外滩历史纪念馆、外白渡桥等，它们是上海发展的见证；在广场的另一边，有风格独特的万国建筑群，它们是上海繁华开放的象征。

3. 教师、家长鼓励幼儿思考：为了让上海这座城市变得越来越干净、越来越美丽、越来越美好，我们应该做些什么（如垃圾分类、爱护绿化、文明用语）。

四、游逛外滩陈毅广场活动的延伸

1. 游览活动。教师、家长带领幼儿去游览上海市人民公园（位于黄浦区南京西路231号，地铁2号线等均可达到），观看陈毅市长题写的公园名，增加幼儿对陈毅市长的了解。

2. 参观活动。教师、家长带领幼儿去参观上海博物馆（位于黄浦区人民大道201号，地铁2号线等均可达到），看看陈毅市长题写的馆名，加深幼儿对陈毅市长的认识。

3. 观赏活动。教师、家长和幼儿一起在网上观看大型沪剧《陈毅在上海》的图片、视频，帮助幼儿了解陈毅市长为上海解放、城市建设、人民幸福做出的巨大贡献。

4. 展示活动。教师、家长和幼儿一道设计、布置"外滩陈毅广场"主题展示活动，在墙面、桌面、地面张贴图片、绘画；启发幼儿介绍作品和故事，用录音盒和建议墙来记录观后的感想和建议。

5. 创游活动。教师、家长和幼儿共同建构游戏材料超市，支持幼儿开展"外滩陈毅广场"的建构活动；鼓励幼儿利用彩泥、积木等多种低结构材料，表现对上海的认知和热爱，创想未来上海的美好样态。

6. 播报活动。教师、家长和幼儿继续收集关于外滩陈毅广场的人文故事图片、图画书、有声读物等，增加幼儿对上海这座国际化大都市的了解；通过幼儿园"百灵鸟"广播站，指导幼儿轮流做播报员，使幼儿能及时向大家介绍自己最喜欢的外滩陈毅广场的某个景点、建筑、故事、新闻等。

第六章 教师、家长带领幼儿游逛上海市人民广场活动方案①

一、游逛人民广场活动的目标

1. 教师、家长帮助幼儿了解人民广场的地理环境,使幼儿感受上海的发展与变化。

2. 教师、家长促使幼儿了解人民广场的文化环境,使幼儿体会家乡的美好与繁荣。

二、游逛人民广场活动的准备

1. 教师、家长与幼儿共同搜寻上海市人民广场的地址(黄浦区人民大道120号)、公共交通(地铁1号线等均可到达)。

2. 教师、家长与幼儿一起收集人民广场的各类资料,观看有关的图片、视频。

3. 教师、家长提醒幼儿带上小相机、小画板和画笔等物品,便于游览人民广场时记录美景。

三、游逛人民广场活动的过程

(一)来到人民广场

教师、家长带领幼儿到达人民广场,告诉幼儿这里是上海的市中心,也是上海的重要标志。

---

① 本章作者金海艳,上海市嘉定区黄渡莱茵幼儿园书记、园长,中学高级教师,曾获嘉定区园丁奖等称号;宋细妹,上海市嘉定区黄渡莱茵幼儿园副园长,曾获嘉定区优秀骨干教师等称号;本文为金海艳主持的嘉定区教育科研重点课题"以七彩故事为载体对幼儿进行爱的教育的实践研究"(课题编号 JA2226)的研究成果之一。

（二）寻找上海市公路零公里标志

1. 教师、家长带领幼儿寻找人民广场上的"上海市公路零公里标志"，鼓励幼儿讲讲它是什么形状的（圆形），数数它上面有几个圆圈（6个），说说它中间的图案是什么花（白玉兰）。

2. 教师、家长启发幼儿想想上海市花是什么花（白玉兰）；告诉幼儿这个"零公里标志"是上海城市的中心点。

图片6-1 上海市公路零公里标志

（三）欣赏入口台阶上的浮雕

1. 教师、家长带领幼儿寻找人民广场4个入口台阶上的浮雕，启发幼儿数数共有几块浮雕（6块）。

2. 教师、家长指导幼儿观赏这6块浮雕，使幼儿知道这些浮雕的古朴雅致、生动优美展现了上海的历史文化，反映了上海人民的美好心愿。

3. 教师、家长启发幼儿观察北面的两块浮雕"申""沪"古篆体，提醒幼儿注意观看波浪、水纹、海鱼图案，告诉幼儿上海是个滨海城市，使幼儿知道"申"和"沪"都是上海的简称。

图片6-2 浮雕"申"古篆体

4. 教师、家长引导幼儿观看南面的一块浮雕"纺织始祖黄道婆",使幼儿知道黄道婆是上海人,是我国古代著名的棉纺织家、技术改革家,告诉幼儿以后会带他们去参观黄道婆纪念馆;指导幼儿观看南面的另一块浮雕"科技先辈徐光启",使幼儿知道徐光启也是上海人,为中国古代科学技术的发展做出了巨大的贡献,告诉幼儿以后会带他们去参观徐光启纪念馆。

5. 教师、家长提醒幼儿观看东面、西面的两块浮雕"友谊""和平",告诉幼儿上海是个重视友谊、热爱和平的国际化大都市。

(四)观赏广场中央环境

教师、家长带领幼儿欣赏人民广场中间的圆形喷水池,看看周围美丽的环境;启发幼儿数数喷水池外围有几座紫铜花坛(4座)、有多少只石鼓灯(44只),使幼儿感受到人民广场的壮观。

图片6-3 紫铜花坛、石鼓灯

(五)欣赏广场绿化带

教师、家长带领幼儿观看人民广场绿化带上的花草树木,启发幼儿寻找自己喜欢的景色,用拍照、绘画的方式进行记录。

图片 6-4 花草树木

（六）观赏上海博物馆

教师、家长带领幼儿观赏人民广场南侧的"上海博物馆"建筑造型，启发幼儿讲讲它有什么特点（上圆下方，圆顶方体），告诉幼儿它表示"天圆地方"；使幼儿知道它是上海市的标志性建筑之一；教幼儿认识馆名，告诉幼儿这是一座大型的中国古代艺术博物馆，藏品十分丰富，全年免费对外开放，以后会带他们进去参观。

图片 6-5 上海博物馆

(七)观赏上海城市规划展示馆

教师、家长带领幼儿观看人民广场东北侧的"上海城市规划展示馆"建筑造型,鼓励幼儿讲讲它有什么特点(像中国传统的高大城楼中间的"城门",中心对称,通体白色,网状结构,顶部像4朵盛开的上海市花白玉兰);教幼儿认读馆名,告诉幼儿这是国家4A级旅游景点,它反映了上海城市发展的"昨天、今天和明天",以后会带他们进去看看。

图片6-6 上海城市规划展示馆

(八)观看上海市政大厦

教师、家长带领幼儿观赏人民广场北侧的"上海市政大厦"建筑造型,引导幼儿讲讲它有什么特点(如庄严、大方、朴素、明快),告诉幼儿它是民主和公正的象征,是上海的标志性建筑之一。

图片6-7 上海市政大厦

(九) 观赏上海大剧院

教师、家长带领幼儿观看人民广场西北侧的"上海大剧院"建筑造型,指导幼儿说说它有什么特点(如像音符串成的水晶宫殿,简洁的几何造型,皇冠般的白色弧形屋顶弯翘向天际,像个聚宝盆、艺术殿堂);教幼儿认读院名;告诉幼儿这座艺术殿堂是上海城市文明的象征,以后会带他们进去参观、观看演出。

图片6-8 上海大剧院

（十）观赏上海市历史博物馆

教师、家长带领幼儿观看人民广场西侧的"上海市历史博物馆"建筑造型，启发幼儿说说它有什么特点（如屋顶的钟楼是这座建筑的标志）；教幼儿认识馆名；告诉幼儿这是上海市中心区最重要的近代优秀历史建筑之一，是第一座综合反映上海城市发展历史的博物馆，里面有许多珍贵藏品，全年免费对外开放，以后会带他们进去看看。

图片6-9　上海市历史博物馆

（十一）记录游逛美景

教师、家长鼓励幼儿拍一拍、画一画自己喜欢的建筑物，记录游逛人民广场的美好瞬间。

四、游逛人民广场活动的延伸

1. 教师、家长指导幼儿把自己所拍的人民广场的照片、所画的人民广场的图画拿出来展览。

2. 教师、家长鼓励幼儿与同伴、家人分享自己游玩人民广场的经历，说说自己印象最深刻的风景、建筑及其特色。

3. 教师、家长引导幼儿利用各种环保材料，在班级里、家里进行建构活动，搭建人民广场及周围标志性建筑。

4. 教师、家长带领幼儿参观上海的黄道婆纪念馆、徐光启纪念馆，加深幼儿对中国古代纺织家、科学家的了解和热爱。

5. 教师、家长带领幼儿参观上海博物馆、上海城市规划展示馆、上海大剧院、上海市历史博物馆，丰富幼儿对上海城市发展的认识。

第七章 教师、家长带领幼儿游逛上海市见义勇为纪念广场活动方案[①]

一、游逛见义勇为纪念广场活动的目标

1. 教师、家长使幼儿知道见义勇为纪念广场坐落于上海市金山区,萌发幼儿对见义勇为英雄模范的崇敬之情。

2. 教师、家长培养幼儿观察见义勇为纪念广场特征的能力,增强幼儿表达自己所见所闻的能力。

二、游逛见义勇为纪念广场活动的准备

1. 教师、家长上网查找见义勇为纪念广场的地址(金山区恒康路280弄55号)、交通路线(金山6路等公交车可到达)等信息。

2. 教师、家长上网查阅见义勇为纪念广场上的纪念牌、画廊、雕塑及英雄模范事迹等信息。

三、游逛见义勇为纪念广场活动的过程

(一)来到纪念广场

1. 教师、家长带领幼儿来到见义勇为纪念广场,启发幼儿思考见义勇为是什么意思;告诉幼儿见义勇为是指一个人不顾自身安危通过同违法犯罪行为做斗争或者抢险、救灾、救人等方式保护国家、集体的利益和他人的人身、财产安全的一种行为。

[①] 本章作者周欢,上海市金山区张堰幼儿园书记、园长,中学高级教师;本文为周欢主持的金山区教育科研重点项目"幼儿园主题融合式劳动教育活动设计与实施"(项目编号 AY20019)的研究成果之一。

图片 7-1　上海市见义勇为纪念广场

2. 教师、家长启发幼儿思考这个广场为什么叫见义勇为纪念广场,告诉幼儿因为这个广场生动展现了见义勇为先进分子在邪恶、灾害、危险面前舍身忘我、大义凛然的崇高精神,使幼儿知道见义勇为是中华民族的传统美德,要学习这种精神。

(二) 寻找纪念牌、画廊

1. 教师、家长引导幼儿寻找见义勇为纪念广场上的纪念牌、画廊。

图片 7-2　周欢园长在上海市见义勇为纪念广场碑前

2. 教师、家长鼓励幼儿说说看到了什么、找到了什么,表扬幼儿的探索发现精神。

(三) 瞻仰纪念雕塑

1. 瞻仰《马剑飞》雕塑。教师、家长带领幼儿来到《马剑飞》雕塑前,启发幼儿说说看到了什么(老爷爷在脱衣服),想想这位老爷爷为什么要脱衣服(能使游泳速度更快;为了能快速游到落水孩子身边,他边走边脱衣服);向幼儿介绍马剑飞老爷爷的英勇故事(马剑飞老爷爷和家人一起到金山嘴海滨浴场游玩时,看见1个小孩被海浪卷走,他立即跳入海里,去救这个小孩;由于浪大水急,体力不支,他被海水冲走,不幸牺牲)。和幼儿讨论"如果我们到海边去玩,我们应该注意什么"(要做到安全第一;要在大人陪伴下才能去海边玩;要在规定的地方且有救生员时才能下水游泳;遇到危险要大声呼救)。

图片 7-3 《马剑飞》雕塑

图片 7-4 《张鲜军》雕塑

2. 瞻仰《张鲜军》雕塑。教师、家长带领幼儿来到《张鲜军》雕塑前,给幼儿讲讲张鲜军叔叔的故事(在金山区杭州湾戚家墩的海岸边,有3个小孩玩水时被卷入海浪中,其中1个小孩发出了求救声;张叔叔恰好路过这里,听到求救声,他飞快地跑过来,跳进大海里,去救这3个小孩;3个小孩终于获救了,但他却被大浪卷入了海底,牺牲了;他是上海市革命烈士),使幼儿知道不能到有危险的地方去玩。与幼儿讨论

"如果自己遇到了危险,应该怎么做",使幼儿知道要及时发出求救信号(大声呼叫、在黑暗的环境中找到发光的物体引起别人的注意、留下自己身上的玩具等)。

3. 瞻仰《杨群利》雕塑。教师、家长带领幼儿来到《杨群利》雕塑前,给幼儿讲述杨群利英勇抓歹徒而光荣牺牲的故事(金山区朱行派出所联防队队员杨群利叔叔,在朱行中学墙外与2名犯罪分子相遇;他上前查问,其中1名犯罪分子撒腿就跑;杨群利一把抓住另一名犯罪分子,想把他扭送到派出所去;在与犯罪分子搏斗的过程中,他滚落到路边的水沟里,被犯罪分子残害),告诉幼儿他是上海市见义勇为先进分子。

图片 7-5 《杨群利》雕塑

(四) 观赏其他雕塑

1. 观赏雕塑《平安志愿者服务大队》。教师、家长带领幼儿来到《平安志愿者服务大队》雕塑前,启发幼儿数一数雕塑上共有几个人(3个),说一说每个人手里拿着什么东西,想一想这些东西可以帮助他们做些什么事情(左边那位叔叔穿着"金山区平安志愿者"的志愿者衣服,左手握着上海市金山区平安志愿者服务队队旗,右手拿着一本书;中间那位阿姨背着挎包,左手拿着宣传资料,右手拿着扩音喇叭在宣传;右边那位叔叔左臂上戴着"治安巡逻"的袖章,左手拿着一个袋子,右手拿着一个写有"停"字的提示牌,在指挥交通);告诉幼儿这座雕像寓意着有一群人牺牲了自己的休息时间,来做志愿者,保

图片 7-6 《平安志愿者服务大队》雕塑

教师、家长带领幼儿游逛广场活动方案

图片7-7 《大拇指》雕塑

图片7-8 《手拉手》雕塑

护金山老百姓的平安;鼓励幼儿模仿雕塑,摆个创意造型,也来做个保卫金山的小小志愿者。

2. 观赏雕塑《大拇指》。教师、家长带领幼儿来到《大拇指》雕塑前,先提问幼儿:你看到了什么?想想什么时候会翘起大拇指?你夸奖过别人吗?你收到过别人对你的点赞吗?你做过什么好事?根据幼儿的回答,进行小结:当别人帮助我们的时候,我们要夸奖别人;当我们帮助别人的时候,别人也会夸奖我们;鼓励幼儿夸夸自己、同伴、老师、家长,为自己、同伴、老师、家长点个赞。

3. 观赏雕塑《手拉手》。教师、家长带领幼儿来到《手拉手》雕塑前,提问幼儿他们在做什么(手拉手),手拉手表示什么意思(好朋友、大家一起玩、大家团结协作),鼓励幼儿与同伴、教师、家长手拉手,围成一圈做游戏,感受大家一起玩真快乐;和幼儿一起吟唱儿童歌曲《手拉手》,体会友谊的珍贵和美好。

四、游逛见义勇为纪念广场活动的延伸

1. 教师、家长幼儿鼓励幼儿说一说游逛上海市见义勇为纪念广场的感想和体会,夸一夸"金山好人"。

2. 教师、家长给幼儿提供画板、纸笔、颜料、土布等材料,鼓励幼儿用自己喜欢的方式画一画所看到的、听到的见义勇为的故事。

3. 教师、家长和幼儿一起玩"抓坏人"的游戏,培养幼儿见义勇为的意识和行为。

4. 教师、家长带领幼儿去瞻仰上海市见义勇为展示厅,观看金山区非遗文化遗产"染缬"制成的"见义勇为"四个大字,观赏见义勇为农民画作品、艺术作品。

5. 教师、家长带领幼儿瞻仰"金山新街暴动纪念墙",引导幼儿观看纪念墙上的英雄人物,说说他们在做什么;给幼儿讲讲"新街暴动故事"。

6. 教师、家长带领幼儿游逛金山广场,启发幼儿看看广场上有什么,说说广场上的这些人在做什么(跳广场舞、学滑旱冰、散步等);使幼儿知道金山广场是金山居民休闲、娱乐的好地方;指导幼儿欣赏《扬帆起航》雕塑,鼓励幼儿站在不同的位置欣赏雕塑,使幼儿知道它表示金山人民像海一样的包容、开放。

第八章　教师、家长带领幼儿游逛上海市博乐广场活动方案[①]

一、游逛博乐广场活动的目标

1. 教师、家长帮助幼儿认识博乐广场的主要特点，发现博乐广场的秘密，使幼儿感受生活的便捷与美好。

2. 教师、家长帮助幼儿了解博乐广场上的石童子雕像，使幼儿知道应该向小英雄学习，热爱自己的家乡，保卫自己的家乡。

二、游逛博乐广场活动的准备

1. 教师、家长了解博乐广场的位置（嘉定区博乐路99号）、交通路线（嘉定5路等均可到达）。

2. 家长、教师和幼儿一起收集有关博乐广场的多种讯息，根据幼儿的喜好，设计游逛路线。

3. 教师、家长鼓励幼儿把自己喜欢的泡泡机、风筝、降落伞等小玩具带到博乐广场上去玩一玩。

4. 教师、家长和幼儿一同准备画笔、记录本、儿童相机等物品，使幼儿能在游览博乐广场时进行自主记录。

三、游逛博乐广场活动的过程

（一）认识博乐广场碑名

1. 教师、家长带领幼儿来到博乐广场，引导幼儿观看大石碑，使幼儿知道在这上

[①] 本章作者姜红艳，上海大学附属嘉定留云幼儿园园长助理，曾获嘉定区园丁奖等称号；王小菁，上海大学附属嘉定留云幼儿园党支部书记、园长，中学高级教师，曾获上海市中青年教师评优一等奖等称号；本文为王小菁主持的嘉定区教育科研重点课题"'立德树人'背景下以图画书为媒介开展幼儿德育活动的实践研究（课题编号 JA2128）"的研究成果之一。

图片 8-1 姜红艳老师指导幼儿认识"博乐广场"大石碑

面刻有广场的名字。

2. 教师、家长给幼儿讲读大石碑后面的"博乐广场简介"(博乐广场位于州桥老街风景区,广场分为地面广场和地下停车库两个部分;地面广场可以休闲、娱乐、健身、观光等,主要区域有中心舞台、音乐喷泉、日晷广场、清水湾滨河步道、休闲小屋等设施),帮助幼儿理解博乐广场的地理位置和主要功能。

(二) 观看博乐广场全景

教师、家长指导幼儿站在博乐广场周边,有序地进行观察,说说广场上及周围有什么(如有许多人、花草树木等绿植、嘉定区血站采血车、法华塔),使幼儿对广场的环境有整体的认识。

(三) 发现博乐广场秘密

教师、家长指导幼儿仔细观察博乐广场,发现广场的各种秘密。

1. 广场真正圆。教师、家长带着幼儿来到中间下沉式广场的入口处,站在最高处的台阶上,指导幼儿向下俯瞰整个广场,说说这个广场是什么形状(圆形),有什么特点(如很大的圆形、很圆);告诉幼儿博乐广场是一个大大的圆,这个大圆被分成了12个块面,就像现在我们幼儿园里、家里的钟面;告诉幼儿中国古人在这样的一个大圆中间会放一根针,在太阳光的照射下,这根针的影子会延伸到不同的地方,古人就根据影子的投射方向,来测定时间,使幼儿感受到中国古代真了不起;在博乐广场中间放一个矿泉水瓶,指导幼儿观察矿泉水瓶在广场地面上的影子,和幼儿一起推断大概的时

图片 8-2 博乐广场

间,然后再看看手表上、手机上的时间,为自己的准确推测点个赞。

2. 广场真宽阔。教师、家长带领幼儿在博乐广场上四处走一走、跑一跑,玩一玩"踩影子""老鹰抓小鸡""丢手绢"的游戏,使幼儿感受到广场真的很大、很宽广。

3. 广场真热闹。教师、家长指导幼儿观看博乐广场上有哪些人(小朋友、大人)、他们在做什么(小朋友在广场上玩轮滑、骑小车、吹泡泡、放风筝,大人在跳广场舞、做操、散步);告诉幼儿博乐广场是市民休闲娱乐、健身运动的好地方,为人们的健康生活提供了便利;鼓励幼儿将自备的泡泡机、风筝、降落伞等小玩具拿出来,在广场上玩一玩,体验在这个广场上玩耍的快乐。

图片 8-3 家长带领幼儿在广场上玩轮滑

4. 广场采血车真吸睛。教师、家长引导幼儿观察停在博乐广场前面的流动采血车,启发幼儿说说它的外形特征(颜色非常醒目,以黄色和红色为主色调;车身上红红的小人代表鲜红的血液,鼓励市民们积极加入献血的爱心行动之中);告诉幼儿博乐广场是上海市嘉定区血站的一个固定采血点,使幼儿知道义务献血是一种奉献爱心的行为,要向爱心市民学习与致敬。

图片 8-4　流动采血车

5. 广场小英雄真伟大。教师、家长带着幼儿来到博乐广场后面的《石童子》雕像前,给幼儿阅读刻在雕像背后的"石童子简介"(在中国古代,倭寇经常侵扰嘉定县,烧杀抢掠,老百姓受到很大的伤害。一天晚上,倭寇偷袭嘉定县西门,守城的官兵因为连日作战,非常疲惫,都在睡觉。就在这个危急时刻,石童子大声呼叫"贼来了!""贼来了!",他的叫声,惊醒了守城的官兵和百姓,大家一起杀敌,把城门上的石头往下推,终于击退了来侵犯的倭寇。城池保住了,但石童子却光荣牺牲了),使幼儿知道小英雄石童子热爱家乡的故事;鼓励幼儿

图片 8-5　《石童子》雕像

图片 8-6 法华塔

学做石童子大声呼叫的动作及表情，并用拍照、绘画等方式把小英雄石童子的光辉形象记录下来。

6. 广场法华塔真高大。教师、家长指导幼儿站在博乐广场上，仰望法华塔，说说这个塔有什么特点（很高、很大、有很多层、顶尖尖的、角往上翘）；启发幼儿思考我们为什么只能看到这座塔上面的 3 层，而看不到它下面的几层（因为它上面的 3 层很高，因为它离得很远，因为它下面的几层都被广场上高高的树木和建筑物挡住了），我们怎样才能看清它究竟有多少层（走到它旁边去看，离它近点去看）；告诉幼儿以后会带他们近距离地去观看这座塔，寻找答案。

四、游逛博乐广场活动的延伸

1. 教师、家长和幼儿一起将拍摄的博乐广场照片制作成影集、画册，鼓励幼儿说说游逛博乐广场的故事，使幼儿能深入了解嘉定的风土人情和地方文化。

2. 教师、家长和幼儿一起查阅关于日晷的图片、视频等资料，帮助幼儿进一步了解日晷的计时方法，感受中国古人的聪明才智。

3. 教师、家长带领幼儿去游览嘉定区安亭市民广场，观看广场上的"正投影日晷""投影日晷""极晷"等展品，加深幼儿对我国古代计时仪器的认识。

4. 教师、家长带领幼儿参观嘉定博物馆，观看石童子展区的微电影、视频、图片，帮助幼儿深入了解石童子抗击倭寇救城的故事。

5. 教师、家长带领幼儿游览嘉定儿童公园，启发幼儿继续寻找石童子雕像，帮助幼儿全面了解小英雄石童子爱家乡的故事。

6. 教师、家长鼓励幼儿表演石童子抗击倭寇救城的故事，强化幼儿对石童子的崇拜之情，增强幼儿爱家乡、爱祖国的情感。

7. 教师、家长带领幼儿游逛博乐广场旁边的"州桥老街"，引导幼儿站在德福桥上，观赏周围美丽的景色，说说看到了什么（桥下有清清的横沥河水和练祁河水，左边有好看的花草树木、弯弯的石桥登龙桥，右边有古色古香的老房子，远方有高大挺拔

图片 8-7　家长、幼儿在观看《石童子》微电影

的法华塔);启发幼儿数数法华塔有几层(5层),回想在博乐广场上看到的法华塔有几层(3层),想想为什么现在看到的法华塔的层数变多了(因为离它更近了)、为什么塔身的下面还是看不见(因为被小桥、高房子挡住了),告诉幼儿过一会儿走过去就能看清楚这座塔的全身;鼓励幼儿画一画、拍一拍自己喜欢的美景,感受家乡的好风光。

图片 8-8　州桥老街的美景

图片 8-9　幼儿在法华塔前留影

图片 8-10　幼儿在秋霞圃前留影

8. 教师、家长带领幼儿走进"州桥老街"旁边的法华塔大院，指导幼儿亲密接触法华塔；启发幼儿数数它究竟有几层（7 层），想想为什么我们现在能看清楚它的全貌了（因为塔的前面没有东西遮挡它了），确认它的角是什么样子（飞檐翘角，檐角上还挂着铃铛）；告诉幼儿法华塔建于中国古代，主要由砖、木构成，有 7 层楼台，各层还有平座、栏杆、腰檐；鼓励幼儿在法华塔前摆个喜欢的姿势，拍张照片秀一秀；引导幼儿瞻仰法华塔旁边的"胡厥文纪念馆""顾维钧陈列室"，帮助幼儿了解家乡的爱国人士的事迹，为自己是个嘉定人而感到自豪。

9. 教师、家长带领幼儿参观博乐广场对面的陆俨少艺术院，观赏陆俨少书画作品，观看国画、油画、雕塑等各种展览，使幼儿接受艺术的熏陶，感受家乡的艺术文化。

10. 教师、家长带领幼儿游玩博乐广场对面的秋霞圃，告诉幼儿这是上海的五大园林之一；指导幼儿观看独特的假山怪石、楼台亭阁、小桥流水、花草树木，使幼儿感受中国古代园林的独特美，为自己是个嘉定人而感到骄傲。

第九章　教师、家长带领幼儿游逛上海市安亭市民广场活动方案[①]

一、游逛安亭市民广场活动的目标

1. 教师、家长使幼儿感受安亭市民广场的广阔,了解广场上雕塑"同心结"的意义,使他们更加热爱所生活的城镇。

2. 教师、家长帮助幼儿了解安亭市民广场上中国古人发明的日晷、大来时间博物馆里各种各样的钟,使幼儿体会到人类的智慧。

二、游逛安亭市民广场活动的准备

1. 教师、家长上网查看安亭市民广场的地址(嘉定区安亭镇墨玉路328号)、公共交通(公交2路等均可到达),与大来时间博物馆的工作人员联系,了解参加现场制作创意时钟的要求。

2. 教师、家长与幼儿讨论去过哪些广场,使幼儿知道广场是有着广阔的场地,有重要的建筑物、景观、雕塑的地方。

3. 教师、家长与幼儿讨论生活中看过的各种时钟,引导幼儿观察钟面上的数字和指针,使幼儿了解时钟在生活中的重要性,知道"守时"是每个人都要做到的。

三、游逛安亭市民广场活动的过程

(一) 观看广场大石碑

1. 教师、家长带领幼儿来到"安亭市民广场"的大石碑前,指导幼儿观察石碑上

[①] 本章作者俞丽雅,同济大学附属嘉定幼儿园园长,曾获上海市静安区园丁奖等称号;本文为俞丽雅主持的嘉定区教育科研重点课题"大教育观视角下幼儿园儿童土木小工程的开发与实践研究(课题编号 JA2131)"的研究成果之一。

教师、家长带领幼儿游逛广场活动方案

图片 9-1　安亭市民广场大石碑

的文字,给幼儿讲解文字的含义。

2. 教师、家长组织幼儿围着大石碑手拉手走一圈,感受石碑的巨大。

(二) 学看广场简介板

1. 教师、家长带领幼儿来到"安亭市民广场简介"展板前,引导幼儿观察展板上的"同心结"标志,并与广场上的"同心结"雕塑对比,以进一步了解安亭的镇标。

图片 9-2　安亭市民广场简介

2. 教师、家长指导幼儿观看导览图上有哪些地方、什么符号代表什么地方,找找自己在导览图上的位置,想想今天要去哪些地方玩。

3. 教师、家长向幼儿简单介绍安亭市民广场概况。

(三) 欣赏广场雕塑

教师、家长带领幼儿来到安亭市民广场中的《同心结》雕塑前,指导幼儿观察"同心结"的外形,使幼儿知道这件雕塑是安亭镇的镇标,有着积极向上、和谐美好的寓意。

(四) 逛逛广场小树林

教师、家长带领幼儿游逛安亭市民广场上的小树林,指导幼儿欣赏各种树木,玩捉迷藏的游戏。

图片 9-3 《同心结》雕塑

(五) 看看广场水中石

教师、家长带领幼儿观看安亭市民广场里的小河及水中的大石头,指导幼儿从各个方向欣赏这块大石头,说说它看上去像什么,使幼儿知道因为观察的方向不同,所以会有不同的观察结果。

图片 9-4 河水中的大石头

（六）观看广场垃圾箱

教师、家长带领幼儿观看安亭市民广场里路边的垃圾箱及其标志，启发幼儿想想这些标志分别代表什么意思、哪些垃圾应扔进可回收垃圾桶里、哪些垃圾应扔进干垃圾桶里，使幼儿知道在广场里也要保护环境。

图片 9-5　路边的分类垃圾箱

（七）拍摄广场博士照

1. 教师、家长带领幼儿来到文明进步路，和幼儿一起围坐在草地上休息，并讨论"我们怎样做一个文明的人"（如要有礼貌，要把垃圾扔进分类垃圾箱，要爱护花草树木）。

图片 9-6　文明进步路留影处

2. 教师、家长鼓励幼儿在"文明进步路留影处"拍照留影,做个文明小博士。

(八) 学看广场日晷

1. 教师、家长带领幼儿来到安亭市民广场上的"投影日晷""正投影日晷"旁,引导幼儿观察投影日晷的外形及上面的数字。

图片 9-7　投影日晷

2. 教师、家长启发幼儿轮流站在"正投影日晷"的脚印处,观察太阳照射到自己身上后投射到地面的影子,感受中国古人用太阳的投影来测定时间的智慧。

图片 9-8　正投影日晷

（九）参观大来时间博物馆

教师、家长带领幼儿来到安亭市民广场上的大来时间博物馆。

1. 指导幼儿观看大来时间博物馆的馆名、馆标、建筑造型。

图片 9-9　大来时间博物馆

2. 组织幼儿集体聆听博物馆志愿者讲解员介绍并演示"落球钟""坠球钟""滚球翻板钟""时间机器滚球钟"等各种古老的时钟。

图片 9-10　幼儿参观塔钟

3. 安排幼儿分散参观大来时间博物馆的各个展厅，欣赏各种各样的时钟（如趣味时钟区、时间与音乐区、塔钟主体结构和钟面结构区、挂钟区、摆钟区的时钟）；引导幼儿用笔和记录板记录自己最喜欢的一座钟。

图片 9-11　幼儿记录自己喜欢的钟

4. 提醒幼儿在博物馆志愿者的指导下，用时钟零件组装儿童时钟，用各种装饰材料制作创意时钟，并与同伴分享、介绍自己创作的时钟。

图片 9-12　幼儿制作创意时钟

四、游览安亭市民广场活动的延伸

1. 教师在班级的主题活动(如"我们的城市""我是中国人")中,融入安亭市民广场的内容,引导幼儿发现我们的城市有各种各样的广场。

2. 教师在班级的个别化学习环境中,增设"时钟"区域,在墙上张贴幼儿在大来时间博物馆里记录的"我喜欢的时钟",在物架上摆放幼儿收集、制作的各种时钟,鼓励幼儿深入了解时钟。

3. 教师在幼儿园的"儿童土木小工程"建构环境中,展示幼儿收集的各种广场的图片,并投放多种建构材料,引导幼儿搭建"未来的广场"。

4. 教师、家长运用"日晷"的原理,设计与光影有关的学习活动、游戏活动,激发幼儿探索光影的兴趣,体验光影的奇妙。

5. 教师、家长带领幼儿游逛嘉定区的其他广场(如博乐广场、五一广场)、上海市区的一些广场(如上海市人民广场、上海市外滩陈毅广场),寻找广场上的标志性雕塑、建筑,并感受广场的广阔和美丽。

6. 教师、家长和幼儿一起收集各种广场上的雕塑,给幼儿提供各种环保制作材料,鼓励幼儿与同伴合作创作雕塑,并把幼儿的作品陈列在幼儿园的"儿童土木小工程博物馆"里进行展览。

7. 教师、家长带着幼儿游逛安亭老街,欣赏老街的房屋、石桥、河流,指导幼儿在写生板上把自己喜欢的景色画下来。

8. 教师、家长带领幼儿游览坐落在安亭镇的上海汽车博览公园,让幼儿感受大自然的美;带着幼儿参观公园内的上海汽车博物馆,让幼儿欣赏汽车博物馆建筑曲线的美;带着幼儿观看博物馆里的"历史馆",使幼儿感受汽车的发展对人们生活的重要影响;带着幼儿观看"珍藏馆",让幼儿欣赏我们国家最古老的汽车;带着幼儿进入"探索馆",使幼儿感受汽车的无穷趣味。

9. 教师、家长带领幼儿逛逛地处安亭镇的上海国际赛车场,指导幼儿观看赛道的长度和坡度,使幼儿感受赛车场特点。

下 篇

高校优秀青年教师之作

第十章　教师、家长带领幼儿游逛安徽省宿州市银河广场活动方案[①]

一、游逛银河广场活动的目标

1. 教师、家长帮助幼儿了解银河广场的位置，使幼儿知道游逛银河广场时要做个文明的小游客。

2. 教师、家长提高幼儿欣赏银河广场里自然美景和人工景观的能力，增强幼儿热爱家乡的情感。

二、游逛银河广场活动的准备

1. 教师、家长了解银河广场的特色景观、地理位置（宿州市人民路与银河一路交汇处）、交通路线（公交车8路等均可到达）、开放时间（全天）、收费情况（免门票）。

2. 教师、家长和幼儿一起讨论最佳的游逛路线，并制订游逛计划。

3. 教师、家长提醒幼儿穿便于游逛广场的衣服、鞋子，带好饮用水等物品，激发幼儿的游逛兴趣。

三、游逛银河广场活动的过程

（一）在银河广场入口

1. 教师、家长带领幼儿来到银河广场的入口处，帮助幼儿认识"银河广场"4个字。

[①] 本章作者李丽娟，安徽省宿州学院学前教育专业教师，曾获安徽省高等学校师范生教学技能竞赛校优秀指导教师等称号；本文为李丽娟主持的"幼儿园与家庭运用社区资源对儿童进行教育的探索研究"的预研究成果之一。

图片 10-1　李丽娟老师在教幼儿认识"银河广场"

2. 教师、家长告诉幼儿马上要一起寻找银河广场里的"爱心牌""垃圾分类体验馆""月季园""交通安全主题公园""健身广场"和"广场上的建筑物"等景点。

(二) 观察爱心展板

1. 教师、家长带领幼儿进入广场,鼓励幼儿寻找爱心展板,说说它是什么颜色(红色),上面还有一个什么字(人)。

图片 10-2　爱心展板

2. 教师、家长提醒幼儿仔细观察这个爱心图案,说说它和我们平时见到的爱心图案有什么不同(这是一个带有"好"字的爱心图案),使幼儿知道它与"人"字合在一起就是"好人"。

3. 教师、家长告诉幼儿爱心展板上的"存善心,做好事,当好人"这些字,是鼓励我们要做心中有爱、乐于助人的小朋友。

(三) 体验垃圾分类

1. 教师、家长带领幼儿来到垃圾分类体验馆门前,鼓励幼儿说说体验馆的颜色(蓝色)。

图片 10-3　垃圾分类体验馆

2. 教师、家长带领幼儿进入"科普区",观看垃圾分类科普视频,了解生活中的垃圾可以分成几类(可回收垃圾、厨余垃圾、有害垃圾和其他垃圾等四类),知道为什么要进行垃圾分类(垃圾是放错地方的资源,垃圾分类可以降低处理成本,减少土地消耗,节约能源等)、垃圾分类有哪些好处(变废为宝、减少环境污染等)。

3. 教师、家长带领幼儿进入"实践区",观看垃圾是如何通过分类处理实现再利用的,指导幼儿根据垃圾分类的四类标准进行模拟操作;引导幼儿欣赏"实践区"内利用废弃品完成的手工小制作(如小台灯、收纳盒、摆件装饰),鼓励幼儿尝试动手制作,变废为宝。

(四)寻找月季园

1. 教师、家长带领幼儿来到月季园,观看月季花绿植雕塑,启发幼儿说说它是什么颜色(花瓣是红色,花茎是绿色)。

图片 10-4　月季花绿植雕塑

2. 教师、家长鼓励幼儿找一找月季花,观察它们的颜色、形状,闻一闻花香;告诉幼儿月季花是宿州市的市花,月季花四季开花,被称为花中皇后,象征着希望、幸福、光荣。

3. 教师、家长为幼儿诵读月季园石碑上的古诗《东厅月季》(牡丹殊绝委春风,露菊萧疏怨晚丛。何以此花荣艳足,四时常放浅深红);告诉幼儿这首诗歌描绘了月季花四季常开的景象,表达了诗人对月季花的喜爱之情。

(五)了解交通安全常识

1. 教师、家长带领幼儿来到交通安全主题公园,启发幼儿说一说自己知道哪些交通安全的知识(过马路时,要遵守交通规则;坐车时,不能把身体伸出车窗外等)。

2. 教师、家长和幼儿一起唱唱交通安全儿歌《过马路》(过马路,左右看,汽车来时靠边站,行人要走人行道,红灯停绿灯行,司机叔叔车开慢)。

3. 教师、家长带着幼儿走到"交警手势图解"前,启发幼儿说一说交警的手势有什么作用(指挥交通),鼓励幼儿根据图解,模仿交警的不同手势,使幼儿知道不同手势的含义(停止、直行、转弯、减速等),学会自觉遵守交通规则。

图片 10-5 交警手势图解

(六)进入健身广场

1. 教师、家长带领幼儿来到健身广场,启发幼儿说说广场上的"人形运动雕塑"是什么颜色(黄色)、他们在做什么(做运动,锻炼身体)。

图片 10-6 人形运动雕塑

2. 教师、家长鼓励幼儿说一说自己做过哪些运动（跑步、跳绳、做操、踢球、游泳等），指导幼儿模仿广场上不同运动姿势的人形雕塑，增强幼儿热爱运动的情感。

（七）观察广场建筑物

1. 教师、家长带领幼儿观察广场上的文化馆，和幼儿一起读一读文化馆的名称；引导幼儿观察文化馆的建筑造型，说说馆顶是什么形状（圆形）、馆身是什么形状（折扇形）、什么材质（玻璃）；告诉幼儿以后会带他们进去参观。

2. 教师、家长带领幼儿观察广场上的图书馆，和幼儿一起读一读图书馆的名称；引导幼儿观察图书馆的建筑造型，启发幼儿把它和前面看过的文化馆进行比较，说说这两个场馆的建筑外观有什么相似之处（馆顶都是圆形的、馆身都是玻璃的）、不同之处（图书馆馆身的形状是弯曲的拱形）；告诉幼儿以后带他们进去观看。

图片 10-7 文化馆

图片 10-8 图书馆

3. 教师、家长带领幼儿观察广场上的博物馆，教幼儿认读馆名"宿州博物馆"，启发幼儿说说博物馆与图书馆、文化馆的外形有什么区别（博物馆的馆顶是方形的，墙壁是大理石的，雕刻不同的图案，馆前有长长的台阶等）；使幼儿知道博物馆建筑的外观是仿照汉代高台大屋顶进行设计的，大理石外墙正面雕刻的图案取自汉画像石图案的浮雕；告诉幼儿以后带他们进去参观。

图片 10-9 宿州博物馆

(八) 结束游逛活动

教师、家长带领幼儿前往广场的长椅处坐下休息,引导幼儿说一说自己的游逛感受,提醒幼儿拍照留念。

四、游逛银河广场活动的延伸

1. 观看晨练。教师、家长带领幼儿利用早晨的时间进入银河广场,在健身广场观看人们晨练,帮助幼儿了解太极剑、太极拳、五禽戏、功夫扇等。

2. 参观文化馆、图书馆、博物馆。教师、家长带领幼儿分别参观银河广场旁边的文化馆、图书馆、宿州博物馆;在文化馆里,和幼儿一起观赏文化演出,了解泗州戏、坠子戏、淮北梆子戏、淮北花鼓戏等地方特色艺术文化;在图书馆内的亲子阅览室里,与幼儿共读绘本,体验阅读的快乐,培养幼儿热爱阅读的好习惯;在博物馆里,指导幼儿观看家乡的历史事件、历史人物、历史文物的展览,强化幼儿热爱家乡、热爱祖国、保护文物的情感。

3. 游逛其他广场。教师、家长带领幼儿游逛宿州的民族广场、童趣广场、运动广场等,丰富幼儿对广场的认识,使幼儿感受游逛不同的广场有不同的快乐。

第十一章　教师、家长带领幼儿游逛山东省青岛市五四广场活动方案[①]

一、游逛五四广场活动的目标

1. 教师、家长使幼儿知道五四广场位于青岛市市南区东海西路,以培养幼儿的空间智能。

2. 教师、家长使幼儿知道五四广场中的雕塑"五月的风"全国闻名,是青岛标志性建筑之一,以培养幼儿热爱家乡的情感。

二、游逛五四广场活动的准备

1. 教师、家长上网查找五四广场的地址(青岛市市南区东海西路)、交通路线(地铁2号线等均可到达)。

2. 教师、家长告诉幼儿前往五四广场游览的计划,并给幼儿讲解游览注意事项。

三、游逛五四广场活动的过程

(一)观赏广场花坛

1. 教师、家长带领幼儿来到五四广场北侧入口,引导幼儿观察花坛,鼓励幼儿说说最喜欢哪一种颜色的鲜花,启发幼儿比一比这些鲜花有什么异同点。

2. 教师、家长告诉幼儿花坛里的花主要有3种,黄色的是菊花,大红色的是一串红,紫红色的是杜鹃花。

---

① 本章作者陈文硕,山东省青岛黄海学院学前教育学院教师;本文为陈文硕主持的山东省艺术教育专项课题"海洋民俗文化与幼儿园课程教学实践的融合路径研究"(项目编号:22YB09270003)的研究成果之一。

（二）观看广场石碑

1. 教师、家长指导幼儿寻找五四广场花丛中的大石头，告诉幼儿它上面刻着"五四广场"这四个字，启发幼儿说说这四个字是什么颜色的（红色）。

图片 11-1 "五四广场"石碑

2. 教师、家长告诉幼儿五四广场是 4A 级国家旅游景区——海滨风景区的一个重要组成部分。

（三）了解游客须知

1. 教师、家长带领幼儿走到五四广场的"游客须知"展板前，告诉幼儿为了给游客提供安全、舒适、有序的旅游环境，五四广场制定了游客须知。

2. 教师、家长为幼儿解读游客须知细则（如第一条：自觉爱护广场绿地、公共设施，严禁攀折花草树木，践踏草坪；第十二条：涨潮、浪大时，请远离海边，注意安全），使幼儿知道一定要遵守这些规则。

（四）了解《初游青岛》石碑

1. 教师、家长带领幼儿走到五四广场花岗岩石刻前，告诉幼儿这上面的诗《初游青岛》是中华人民共和国陈毅元帅第一次到青岛时写下的。

2. 教师、家长为幼儿诵读这首诗，并给幼儿讲解这首诗的大意，使幼儿知道这首诗赞美了青岛夜晚的迷人景色，歌颂了青岛的历史人物，表扬了勤劳、勇敢的青岛人民。

教师、家长带领幼儿游逛广场活动方案

图片 11-2　陈毅《初游青岛》石碑

3. 教师、家长告诉幼儿陈毅老爷爷非常喜欢青岛这座城市,他认为青岛这座城市正在变得越来越好。

(五) 观赏《五月的风》雕塑

1. 教师、家长带领幼儿来到《五月的风》雕塑前,启发幼儿说说它是什么颜色(大红色),它看上去像什么(像甜筒、火炬、龙卷风)。

图片 11-3　《五月的风》雕塑

2. 教师、家长告诉幼儿这个雕塑造型像一阵盘旋而上的强风,它通体为红色,给人热辣、滚烫的感觉,仿佛刮过的地方都会变得温暖起来。

3. 教师、家长使幼儿知道它是五四广场的标志性雕塑,是以青岛作为"五四运动"的导火索这一主题来设计的,通过螺旋上

升的风的造型和火红的颜色来充分表现一种"热情、向上"的力量感与美感。

4. 教师、家长引导幼儿环绕雕塑走一圈,观赏不同的美景。

(六)观看志愿者图标

1. 教师、家长带领幼儿来到五四广场的大草坪,指导幼儿观看双人骑行状标语"志愿行动,爱同行",使幼儿知道前面的♥骑行者是橙色的,后面的骑行者是绿色的。

图片 11-4 志愿者图标

2. 教师、家长鼓励幼儿猜猜橙色代表什么样的志愿者(助残志愿者),绿色代表什么样的志愿者(环保志愿者),使幼儿知道不同的颜色代表志愿者不同的工作,五四广场上的志愿者图标的寓意主要是帮助残疾人、保护环境。

(七)在滨海步行道散步

1. 教师、家长带领幼儿来到五四广场的滨海步行道上走一走,吹一吹海风,看一看远方。

2. 教师、家长鼓励幼儿说说看到了什么风景(前方是海天一线的景色,空中有翱翔的海鸥,海上有往来的船只,左边是青岛奥林匹克主题公园、青岛奥帆中心奥运五环、青岛奥帆中心水上体育运动俱乐部场馆,右边是游艇码头、青岛音乐广场),告诉幼儿以后会带他们去观看这些地方。

（八）在大草坪边休息

1. 教师、家长带领幼儿来到五四广场的大草坪旁，和幼儿一起坐下来休息。
2. 教师、家长引导幼儿看看草坪上的小石头、小松果、小昆虫。
3. 教师、家长鼓励幼儿说说今天游逛五四广场的收获。
4. 教师、家长为幼儿多拍几张照片留念。

四、游逛五四广场活动的延伸

1. 品品五四广场的夜景——五彩灯光秀。教师鼓励家长晚上带幼儿来五四广场观赏灯光秀，感受它不同于白天的别具一格的美。

图片 11-5 五四广场夜景

2. 看看五四广场的"左邻"——青岛奥林匹克帆船中心。教师、家长带幼儿到青岛奥林匹克帆船中心去游玩，告诉幼儿在这里曾承办过奥运会帆船比赛，并将其打造成了"帆船之都"；指导幼儿观看各种各样的帆船，了解奥林匹克帆船比赛项目，帮助幼儿体会运动健儿的奥运精神。

3. 瞧瞧五四广场的"右舍"——青岛音乐广场。教师、家长带幼儿到青岛音乐广场转一转,看看标志性建筑"音乐之帆"、《五彩胶片》雕塑、石制仿真数字钢琴"银色波涛",瞻仰《聂耳》雕像、《冼星海》雕像、《贝多芬》雕像,听一听广场上播放的这些著名音乐家创作的乐曲,扩展幼儿对广场的认识,萌发幼儿对音乐的喜爱。

4. 走走奥帆中心的"近邻"——青岛极地海洋世界。教师、家长带幼儿到青岛极地海洋世界里游玩,走一走观赏海兽的海底隧道,看一看白鲸、企鹅、北极熊等极地海洋动物,增强幼儿对海洋世界的认识。